平凡社新書
840

あきれた紳士の国イギリス

ロンドンで専業主夫をやってみた

JN153079

加藤雅之
KATŌ MASAYUKI

HEIBONSHA

あきれた紳士の国イギリス●目次

はじめに…………7

第1章 「紳士の国」は本当か…………13
紳士の国の運転マナー／なぜ、紳士の国なのか
ジョン・レノンはイギリス的か／サッチャーはパンク政治家
狭い道を飛ばすのがイギリス流／おまわりさんも守らない歩行者信号
どうしてそんなに急ぐのか／遅れてもネバーマインド／食事は燃料
味より大切なものがある／食事の時間はフランスの半分

第2章 シャイな人たちとのおつきあい…………47
最初はとっつきにくいイギリス人／金離れはいいけれど
英陸軍を早期退職して専業主夫に／サッカーの話は要注意／欧州では珍しい制服
何着ていても大丈夫／半袖マンに袖無しレディー／英語が通じる国だから
ウィンブルドンテニスの観戦作法／持ち前の冷静さはどこへ／車掌のユーモア

第3章 子供を現地校に通わせてみた…………77
日本とすっかり変わった生活／お母さん方とのおつきあいも勝手が違う

会話が弾んだと思ったのに／そして、日本のお母さん方
伝統的な階級があった時代のほうが幸せ？／一味違った補習校の世界
イギリス独自の学校用語／「決して怪しいものではありません」
あっという間に娘に先を越された英語／学校に教科書なし／子供を医者に連れていくと
ただより高いものはない／「あなたには扁桃腺がありません」／イギリスでも深刻な学力低下
1年の半分以上が休み／ストレスのネタに事欠かない車での送り迎え
イギリスでの交通違反／最大の難敵、自転車／入学式も卒業式もなし

第4章 それでもイギリスはおいしい？……141

最大の腕の見せどころも、問題続出／5年間の料理メニュー／レシピ通りに作っても
イギリスのスーパー事情／重宝した韓国人街／焼き魚の主役はスズキとクロダイ
ニジマスは中華蒸しで／オイスターカードは使ってもカキは食べない
茹でたロブスターをつつく男／臭う肉も胡椒をかければ
卵は確かめずに買ってはいけない／野菜嫌いのベジタリアン
ウェールズを代表するネギ／なじみのない野菜もゾロゾロ
財布にやさしい果物／見た目はフランスパンなのに／紅茶はがぶ飲みするけど
成年男子はビールが主食／厨房に妻を入れるべからず

第5章 住まいが私を苦しめる……………197

住まいはビクトリア様式の元小学校／トイレの水が止まらない
最後まで、家は私を苦しめた／手の甲を直撃する便座
屋根が落ちるのはあたりまえ／危険すぎる掃除／イギリスはうるさい
会社を辞めて一番うれしかったこと／イギリス人は家に名前をつけるのが好き
通り一つ隔てると／ロンドンのトイレ事情／しつけがいいはずの犬でいっぱい
ミュージカルがおすすめ／イギリスでは乗り越しが犯罪／庭はいいけど、お食事は
長い休みはイギリス以外に

あとがき……………236

写真＝クレジットがあるもの以外は著者撮影

はじめに

ロンドンで専業主夫をやることになったのは、言ってみれば成り行きである。

私は地方紙や企業などを中心に記事を配信している通信社に勤めていたが、妻もフルタイムで働いていたため、一人娘が成長するにつれて二人のスケジュールを調整しながら育児と仕事を両立させるのが次第に難しくなってきた。保育園、学童保育などを利用してどうにか自転車操業で生活を回していたが、お互い疲れてきてロゲンカも絶えない。そのうえ、学童保育は小学校3年生で終わってしまう（当時）ので、その後はどうするのか。近くに妻の両親がいるとはいえ頼り切るわけにもいかず、かなり厳しい状況になりそうだった。

加えて、入社年次的に地方勤務の可能性も大きくなってきた。一度、打診を受けて断ったことがあったが、再び似たような話が出てくるのは目に見えていた。単身赴任も考えたが、「家族が離ればなれに暮らすのはよくない」という妻の主張ももっともだったし、妻が一人で東京に残って娘の面倒を見ていたら体を壊してしまいかねない。

というわけで、どちらかがフルタイムの仕事から身を引かざるを得ない、というような感じになってきたのだが、答えは自ずと明らかだった。

私が勤めていた通信社は、国内に二つある通信社の一つだが、インターネットの普及や新聞離れで業績の悪化が続き、私の収入も毎年寂しくなるばかり。それどころか、大規模なリストラをやらない限り、将来的には存続も危ぶまれる状況だった（その後の株高などで現在は持ち直している）。

私は経済部を中心に記者生活を送ってきたが、スイスのジュネーブでの特派員の任期を終えて帰国後は、デスクといわれる中間管理職となり、取材現場から上がってくる原稿の手直しをしたり、取材の手配をしたりといった仕事をしていた。記者職というのは現場を離れると、とたんに魅力がなくなるもので、どうしても続けたいという意欲は失われる。

辞める直前の最後の1年は、デジタルメディア事業本部というインターネット部門に移っていて、ニュース記事に関連の写真特集のリンクをつけたり、自分でも編集・取材をしたりと、編集プロダクションのような仕事で、それはそれなりに面白かったのだが、会社でやりたいことは大方やったという感もあった。

一方、妻が勤める外資系企業は業績的にずっと安定していて、さらに、以前からロンドンへの異動を打診されていた。夫婦ともジュネーブで過ごした欧州によい印象を持っていて、もう一度、機会があれば欧州で暮らせないかと思っていたのである。

という状況で、退社の時期を探っていたところ、2010年の秋に早期退職の募集があった。さっそく申し込み、割増退職金をもらって翌年の3月、24年間勤めた会社を辞めた。飢え死にすることはないぐらいの蓄えもできたし、国民年金の1年分を前納して受給資格が得られる25年の払い込みも完了。幸いなことに住宅ローンも抱えていない。同僚や友人からは、「うらやましい、ジョン・レノンみたい」「髪結いの亭主だな」「単なるヒモじゃん」などと、ありがたい言葉もかけてもらった。

さて、専業主夫をやることになったのはいいが、それまで積極的に家事に参加していたかというと、そうでもなかった。

育児については娘の送り迎えや、一般的な面倒は見てきたし、掃除も担当してきた。しかし、食事の支度は基本的にすべて妻に任せていた。

学生時代や独身時代、さらに、結婚してしばらく、そしてジュネーブに10カ月ほど単身赴任していた間はある程度、調理をしていたが、次第に台所は妻の専有になっていく。

個人的に料理が嫌いだとか、全くできないというわけではない。しかし、台所を大人二人で使うのは難しい。台所が狭く二人一緒に作業ができる十分なスペースがないこともあったが、それよりも、台所を他人が使うと後が大変なのだ。塩をどこに置いた、食器の洗い方が悪い、勝手に食材を使った、などと、私が気を利かせて料理をした後は、必ずといっていいぐらいもめごとが持ち上がり、「ごちゃごちゃ後で文句を言われるぐらいならもうやらん」という感じで、包丁を握る機会がなくなっていった。

退社した2011年3月には東日本大震災があった。直接報道にかかわる部署ではなかったが、それでもてんてこ舞いの同僚を見かねて、残っていた有給休暇を相当残したまま、3月末までほぼ毎日出社した。会社の上層部からは特に感謝されるわけではなく、妻からは、「もう行く必要もないのに、この時期になぜ家族を置いて出社するのか」と非難されたが、世の中はそんなものだろう。

その後、娘の学校を決めるため、一時、ロンドンへ。1週間ほどで戻って、日本で2カ月ほど家事の見習いをしてから、いよいよ同年6月ロンドンに転居、本格的に専業主夫業をスタートさせた。

それから約3年。2014年7月で娘は日本の小学校にあたるプライマリー・スクールを終え、9月から中学校にあたるセカンダリー・スクールに入った。イギリスでは子供は大人がつき添わない外出や留守番ができないことになっている（年齢に明確な規定はないが、問題が発生すると警察が介入して親が逮捕されるケースもある）ので日々の送り迎えは半ば義務だったが、中学生になればそれも終わり。基本的には一人で学校に行って帰ってくるので、主夫業からは半分以上、解放された形となった。

娘の中学進学を機に、3年余りの専業主夫としての生活を通じて見たイギリスの生活、社会について、まとまった形で紹介できればと思い執筆を始めた。最終的に2016年5月にビザが切れて帰国したが、帰国までの1年半はロンドン在留邦人向けのフリーペーパーのレポーターなどを務めたり、日本の雑誌や新聞に寄稿したりするライター兼業の主夫として過ごした。再び外で仕事をするようになり、専業主夫の生活を改めて客観的に見られるようになった気もする。

日常生活を表現するにはよく「衣食住」という言葉を使うが、残念ながら服装に無頓着な私には「衣」について語れることが少ない。そこで、「衣」を「学校」に勝手に替えさせてもらって「学校」「食」「住」という三つの柱に沿って話を展開していくことにする。その前段として、日本で一般に形作られている紳士の国イギリスと、現実に生活してみてのイメージのギャップについて語ってみたい。

私は大学でフランス文学を専攻して一時は研究者を目指した。通信社に入って、スイスのフランス語圏、ジュネーブで働く機会もあり、欧州大陸についてはそれなりの経験や知識がある。しかし、同じ欧州でもイギリスとなると、残念ながら特別な思い入れも専門的に研究した経験もなく、唯一の接点は学生時代に好きだったブリティッシュ・ロックぐらい。50歳の大台を前にした新米主夫に、そんなイギリスでどんな日々が待ち受けていたのだろうか。

第1章 「紳士の国」は本当か

紳士の国の運転マナー

当家があったのはロンドンの南西に位置するウィンブルドン。とはいっても、全英選手権（いわゆるウィンブルドンテニス）の会場がある高台の高級住宅地、ウィンブルドン・ビレッジではなく、そこから坂を下りウィンブルドン駅を越えてさらに東、ビレッジよりずっと庶民的なサウスウィンブルドンだ。そこにイギリス英語でフラット、日本風に言えばアパートを借りていた。

ロンドン金融街の中心、バンクまで乗り換えなしで約40分の地下鉄ノーザンラインのサウスウィンブルドン駅までは徒歩7分、旧国鉄のナショナルレイル（NR）や地下鉄ディストリクトラインが集まるターミナル駅のウィンブルドン駅まで徒歩10分という、通勤には便利な場所だった。

かつて、車両の登録管理と運転免許の発行を担当するDVLA（Driver&Vehicle Licensing Agency）のロンドン事務所がウィンブルドンの駅近くにあったが、2013年末閉鎖されている。閉鎖は周知徹底されていないので、ウィンブルドンに着いてからDVLAの閉鎖を知って、呆然としている人も見かけた。

ウィンブルドンはテニスで有名なのはもちろんだが、娘が通った学校の裏手にある草地、

買い物客などで賑わうウィンブルドン駅前。ショッピングモールの名は「センターコート」

ウィンブルドン・コモンに住むウォムブルズ（Wombles）という妖精を主人公にした1970年代の子供向けマペットTVドラマでも有名らしい。かつては「ウィンブルドン出身」と言うと必ず主題歌を歌われ、からかわれたそうである。家族で楽しめるギャンブル、ドッグ・レースが行われるウィンブルドン・スタジアムも忘れてはいけない。

テニス以外で縁のある有名人としては、『ブレードランナー』で有名な映画監督、リドリー・スコットや、トラッド・ロックバンドのフェアポートコンベンションのボーカル、故サンディ・デニーが近郊で生まれているほか、ウィンブルドン美術大学にはいわゆる三大ロック・ギタリストの一人、ジェフ・ベックが通っていた。

さて、日本でイギリスといったら必ず来る枕詞が「紳士の国」である。

関西出身でイギリス人と結婚した知り合いの女性によると、一時帰国して大阪の実家に帰ると、東京では味わえない体験がしばしばできるそうである。

いわゆるハーフの息子さんと大阪の街を歩いていると、どこからともなく現れた年輩の女性に声をかけられる。

「すまんな、ちょっと聞いてええか」

「はい、何でしょう」

「旦那さん、どこの国の人や、アメリカ人か」

「いや、イギリス人です」

「そうか、紳士の国やな」

というやりとりの後、好奇心を満たされた年輩の女性は満足そうに去っていくのだそうだ。

そのくらい有名な「紳士の国」であれば、さぞかし運転マナーも素晴らしいと思われる方が多いだろう。日本と同じ左側通行なので、レンタカーでドライブを楽しむ日本人観光客もいらっしゃると思うが、ヒースロー空港で車を借りて、ドライブ旅行をする場合、ロンドン近郊や街中に乗り入れることは少ないと思われる。交通量の少ない田舎でドライブを楽しんで、イギリス人の運転はマナーがいい、さすが「紳士の国」と納得してお帰りになるわけだ。

しかし、毎日、学校の送り迎えでロンドン近郊を走ってみると、聞くと見るとは大違いの世界である。

確かにマナーが確立されている部分はある。たとえば、狭い道から広い道に出ようとする車があれば、ヘッドライトを上向きに数回点灯させるパッシングをしたり、スピードを緩めて目や手振りで合図したりして先に行かせる。道を譲ってもらった場合も、手やライトで挨拶したり、バスなどはハザードランプを点滅させたりする。

ただ、それも自分が道を譲る気があって道を譲った場合である。自分に譲る気がないのに、車間に割り込まれた場合は怒って、クラクションを鳴らす。イギリス英語では「honk」（ホンク）という。すでに前に車が割り込んでしまってクラクションを鳴らしても、何の意味もないと思うのだが、腹立ちまぎれに鳴らす。

面倒がしばしば起こるのがラウンドアバウトだ。ラウンドアバウトは日本でも試験的な導入が始まっているが、欧州では一般的な片側通行の回転式（ロータリー）交差点で、小型のものは内部に信号がない。一度、円い交差点に入ってから、好きな方向に通り抜ける方式で、Uターンもできる。

イギリスのラウンドアバウトは右側からの車両が優先なのだが、だからといってラウンドアバウトに先に入っている車両を無視して、右側の車が突っ込んできていいわけではない。しかし、実際はかなり強引な車も多く、ギリギリまでスピードを落とさずにラウンドアバウトに進入しては、クラクションを鳴らすのだ。

そう、イギリスのドライバーはクラクションが大好きなのである。両側に路上駐車の車が並んでいて安全が確認できないのでゆっくり走っていると「ブー」、交差点で青信号に変わったのに発車が少しでも遅れると「ブー」、停車しているバスを追い越す前に徐行すると「ブー」、道が分からなくてまごまごしていると「ブー」、道を横断する歩行者が見えたのでスピードを落とすと「ブー」、右折したくてもなかなか車列が切れないので待っていると「ブー」、よろよろ走っている自転車を危険なので追い抜かさず後ろから並走していると「ブー」、脇道から出てきそうな車に道を譲ろうとスピードを落とすと「ブー」、仮免許マークの赤字の「L」（learner）、初心者マークの緑の「P」（probationary）をつけていてもお構いなく「ブー」「ブー」「ブー」。ホンクしまくっている。

クラクションの鳴らし方も、ここまでくるとほとんど犯罪者である。クラクションで焦った前の運転手が事故を起こしたらどうするのか。平気でこういった場面でクラクション

ロンドンの夜。ナイツブリッジ付近

を鳴らす人間が責任をとるとはとうてい思えない。

どういう人がクラクションを鳴らしているのかと思って、気をつけて見てみると、いかにも気の短そうなとっぽいあんちゃんやおじさんだけでなくて、普通のおばさんやご老人も鳴らしている。特に、朝の抜け道は急いでいる運転手が多いせいか、かなりひどい。

イギリスでは主要道の歩道と、そこから出る脇道の交差部分は横断歩道にはなっていない。このため、直進する歩行者が歩道を降りて脇道を渡っていると、しばしば左折・右折の車が強引に突っ込んでくる。悠然と脇道を渡っていた歩行者がクラクションを浴びせかけられ、ドライバーと口論になっている光景は珍しくない。

あまりにも、クラクションを鳴らされるのでイギリスで運転が嫌になったとか、必要以外は運転しない、決まった道しか走らない、という日本のお母さんを何人も知っていた。東京でも運転していたお母さんが、ロンドンで運転し始めた時、同乗する子供から「どうしてイギリス人はこんなにクラクションを鳴らすの」と不思議がられたというから、私の印象は間違っていないと思う。

しかし、イギリスのほうが、マナーがいいと感じている日本人もいる。よくよく聞いてみると、だいたいは運転がうまい人か、同じ道しか走らない人だ。イギリスでは「とろい」と感じられたり、「人の権利を侵害」したりする人間には容赦がないのである。

なぜ、紳士の国なのか

そもそもなぜ、イギリス＝紳士の国という図式が成立したのかというのには、明治政府が近代化の際に、アメリカやフランス、ドイツからではなく、主にイギリスから様々な制度や技術を取り入れることにしたため（いわゆるお雇い外国人の半数以上がイギリス人だった）、イギリスの良いイメージを広めようとしたからだ、という説があるようだ。
確かに gentleman という英語はイギリスでも日本でいう「紳士的」の意味でも使われ

ているが、イギリス人が他の国民に比べ行儀がよく、いわゆる「紳士的だ」というような話は、欧州のいわゆる大陸諸国では聞いたことがない。ただ、知り合いの韓国人に聞くと、韓国にもイギリスは紳士の国というイメージがあるそうだ。日本の統治時代に持ち込まれた観念だと思われる。

日本からイギリスに直接行けば、女性を優先して道を譲ったり、後から来る人のためにドアを押さえたりしてくれるような「紳士的」な男性に感心するかもしれない。しかし、それは西欧全体の習慣であって、イギリスだけが特別というわけではない。

単純に考えても、ある一国の住民が、全て洗練されたお行儀のいい人ばかりのはずがない。イギリスでは電車の中や歩きながらの飲食、化粧、携帯電話はあたりまえの風景だ。ただし、地下鉄では誰も携帯電話で話していない。電波が通じないので使えないからである。また、イギリス人は電車が混んでいても、中に詰めない人が多く、しばしば険悪な雰囲気となる。普段はきちんと列を作るのに、電車やバスに乗り込む際は、無秩序に早い者勝ちになるのも不思議だ。

地下鉄の中で、一度、妙齢のかわいらしい女性が必死に鼻をほじっているのを目撃したことがある。さすがにこれには驚いたが、女性の歩きたばこや吸い殻のポイ捨ても、珍しいものではない。

ジョン・レノンはイギリス的か

「紳士の国」に次いで、イギリスについて誤った良いイメージを作った原因はビートルズ、特にジョン・レノンだと思う。「愛こそはすべて」「イマジン」など、愛と平和をテーマにした曲を作り、アメリカ帝国主義と闘ったジョン・レノンが生まれた国に対して、憧れを持つ日本人は多いことだろう。

イギリスというのは、確かに先進的な思想を持った人々が生まれ、さらにそういった人々を海外から受け入れてきた国だ。本国で迫害され亡命してきた共産主義者のカール・マルクスや、精神分析のフロイトらがロンドンで住んだ場所は一種の観光名所だ。「国境のない世界」の理想を歌ったジョン・レノンの名前は故郷リバプールで空港の名前になっている。どんな、過激な思想や夢を語っても受け入れられる、懐の深い社会だ。

しかし、その一方でイギリスは極めて現実的な国でもある。イギリスでは共産主義は全く受け入れられず、精神分析もアメリカのようには一般化しなかった。現実的とは思えなかったからだろう。国境のない世界、どころか、フランス・ドイツの主導で進められる欧州統合の理想にさえ、いつも冷や水を浴びせ、ついにはEU離脱を決定してしまった。

「イマジン」の元々の発想はレノン夫人のオノ・ヨーコ（小野洋子）さんという説もある

ようだが、いずれにせよイギリス的でないことだけは確かだ。

サッチャーはパンク政治家

現在のイギリス人は奴隷貿易で大儲けして、戦争により世界中を植民地化して大英帝国を作った人々の子孫である。主要な戦争に負けたことがなく、軍人の社会的地位も日本に比べてはるかに高い。現在でも国益のためなら武力を行使するのが当然と考える国民が多数を占める国である。

２００１年のアメリカ同時多発テロの後、イギリスはアフガニスタンに軍隊を派遣して、４５０人を超える死者を出した。こんな状況で、日本人なら軍の志願者が減ると思うかもしれないが、逆に増えたそうだ。いろいろな分析があるようだが、いわゆる愛国心というよりも、冒険心が旺盛ということらしい。先が知れている平凡な生活よりも、戦場でスリルを味わいたいのだろう。アフガニスタンの基地で大酒を飲んでの乱痴気騒ぎが発覚したこともあった。日本の自衛隊が海外でそんなことをやったら、大スキャンダルになる。

イギリスは現在も核兵器を保持し、アメリカ、ロシア、中国に次ぐ規模の軍事力を有している。こういったイギリスの軍事大国ぶりも、現実感に裏打ちされたもので、最近は戦争をしても儲からないという考えなのか、軍備をどんどん縮小している。ただ、核の放棄はもちろん、反原発もほとんど話題にならない。核兵器保持国として国連安全保障理事会の常任理事国の地位を捨てることも、代替エネルギーが保証されていない現状でエネルギー政策を転換するのも、現実的でないと考えているようだ。

イギリス人は規則を守るところは守る。店や切符売り場、トイレなどでも列（キューqueue）をきちんと作って、黙って待っている。誰から命令されたわけでもないのに見事な統制ぶりである。たとえ不満を感じても、社会慣習を守らないことで被る不利益のほうが大きいという現実感が身についているのだと思われる。２０１１年、イギリスに引っ越した直後の夏に、ロンドン暴動が起こったが、その際もきちんと列を作って順番に商店を強奪していたのは、さすがにイギリス人と話題となっていた。余談だが、暴動の際、唯一、強奪を受けなかった商店は本屋だったそうである。

それなのに、どうして車に乗ると堪え性がなくなり、クラクションを鳴らしまくるのか。想像するに相手から顔が見えない車内の密室空間で、普段の堅苦しい社会で押さえつけられている天性の攻撃性が解放されるのではないだろうか。

電車で足を踏まれたとする。怒って怒鳴りつける前に、まず相手の顔を見るだろう。明らかに暴力団風の風体だったりしたら、あきらめて怒りをこらえるはずだ。しかし、車に乗っていれば相手はよく見えないし、自分の顔が知られる可能性も小さい。クラクションを鳴らし、日ごろのうさを晴らすには最適なのである。

ただ、いつもナイフを持ち歩くような危険なドライバーもいて、車のトラブルから殺人事件も起きている。イギリス人の真似をするのも命がけなので、気をつけられたい。

乱暴なイギリス人の側面を象徴するのは先のロンドン暴動だけではない。最近でこそややおとなしくなっているが、かつては、サッカー場で暴れるイギリス人フーリガンは、世界中で嫌われていた。１９６０年代の反体制派ロックの誕生から、体制化したロックを解体した70年代後半のパンクロックまで、イギリスの怒れる若者は既成の権威に対する反逆のシンボルだった。どうしても、硬直化しやすい成熟した社会だけに、時々、それを壊そうという動きが出て、バランスをとっているようにも見える。

イギリスの70年代の後半はそういった時代で、ロンドンパンクの祖、セックス・ピストルズが「女王は人間じゃない」と叫ぶ一方で、後のサッチャー首相が「揺りかごから墓場まで」の福祉国家、老大英帝国にとどめを刺す準備を着々と整えていた。

セックス・ピストルズのリーダー、ジョニー・ロットン（現ジョン・ライドン）とマーガレット・サッチャーには不思議なほど共通点が多い。ジョニー・ロットンは差別されやすいアイルランド系カトリックのうえ、髄膜炎の後遺症である目つきの悪さなどで社会から疎外されていて、これに対する反発が過激な表現の原点になっている。一方、サッチャーも本流の英国国教会ではなくメソジスト派、保守党には珍しい中産階級の出身、さらに女性という少数派の属性が、「鉄の女」といわれる性格を形作ったとされる。

ジョニー・ロットンはファンに「自分の道を見つけろ。それがパンクだ」と言い続けているが、これは、サッチャーの「まず一人ひとりが自立しなければならない」という信条と見事に重なり合う。私は敬意を表し、サッチャーをパンク政治家と呼ばせていただいている。

イギリス人は普段は人見知りが強いのに、酒を飲むとやたらと大声になって、攻撃的になる。どうも、鬱屈したものがいつも社会や個人の底にたまっているような印象がある。ある知り合いの日本人のお母さんは、イギリス人の旦那さんにこう感心されたそうだ。

「日本人って偉いね。喧嘩せず酒が飲めるなんて」

車の運転にもそんなイギリス気質の一端が表れているような気がしてならない。

狭い道を飛ばすのがイギリス流

さて、話をロンドンの道路事情に戻す。

ロンドンに来た当初、ウィンブルドンの家が決まる前のひと月ほど、日本でいうウィークリーマンションのような短期契約の住宅に住んでいた。場所はリッチモンドパークのすぐ脇で駅からは歩いて20分以上かかったが、環境は素晴らしかった。

その住宅から少し歩くとすぐバス通りに出た。イギリスでも他の欧州諸国同様、路肩駐車が一般的だが、そのバス通りにも両側に駐車の列が続いていて、普通の乗用車がやっとすれ違える程度まで道幅が狭まってしまっている。

その通りを歩いていると時々、駐車している車の脇に手のひらより少し大きいぐらいの三角形の物体が落ちているのを見かけた。

「何だろうな」と気になりながらも、しばらくそのまま通り過ぎていたが、ある時、思い立って近づいてよく見てみた。車のサイドミラーであった。

狭い道なのにバスも車もスピードを落とさずに走りすぎるので、駐車している車を擦ってサイドミラーが壊れて落ちるのである。これぐらいは普通で、ウィンブルドンのフラットの目の前の道では、路上駐車していたBMWが当て逃げされて、前輪のシャフトまで曲がって動かせなくなってしまい、レッカー移動されていったのも見たことがある。

一方、イギリスで高速道路（motorway）を走る車は比較的遅い。時速70マイル（112キロ）が全国一律の制限速度だが、これを無視している車でもせいぜい80マイル（128キロ）程度だ。取り締まりが厳しいせいか、高速道路が無料なのでわざわざ飛ばす気が起こらないのか。真相は謎だが、イタリアやドイツでこのスピードで追い越し車線を走っていたら、あっという間に真後ろにつけられてパッシングされるだろう。

高速道路で飛ばさない代わりに狭い道を飛ばすのがイギリス流だ。

先ほど、高速道路の制限速度が70マイルと書いたが、実は大型車両を除いては対面通行の一般道の制限速度も70マイルである。片側通行でも60マイル（96キロ）。ほとんど、日本の高速道路並みのスピードで走っても違反にはならない。

もちろん、自治体が独自のスピード規制を設けているので、実際はどこでもそんなにスピードが出せるわけではない。また、両側に建物が建っている市街地は何も表示がなくても30マイル（48キロ）の規制がかかっている。

しかし、制限速度で走ればいつも安全というものではない。娘を学校に送迎する道は住宅街を通っていて、縁石を張り出して設置して蛇行運転しないと通り抜けられないようにしたり、ハンプという凹凸を作ったり、さらには車幅制限のため道をわざと狭くする関門を置いたりして、スピードが出せないようにしてある。もちろん、朝は通勤客、学校へ通う親子連れらの歩行者が道路を利用しているし、両側には自動車が路上駐車している。脇道から出てくる車は停車線ギリギリまで突っ込んでから急停車するし、停車してから後ろを確認せず大胆にドアを開けて車から降りてくる人も珍しくない。

そんな道でもスピードを落とさず、走り抜けていくドライバーの何と多いことか。クラクションを鳴らすだけでなく、追い抜きをかけたり、後ろからのあおり運転（tailgate という）をしたり、と、いちいち気にしていると気分が悪くなるし、運転に集中できずに危険なので慣れるしかない。

狭い道を飛ばすのが好きな習性による危険度がさらに増すのは、田舎の集落を結ぶ細い道である。集落内は速度制限があるが、それ以外の田舎道は規制上96キロで走っても構わない。しかし、誰がどう考えても危ない。イギリスの死亡事故の半数以上は速度制限がない田舎道で起こっているそうなので、レンタカーなどを借りて運転する方はご用心を。

なお、ドライバーは公道ではおおむねルールを守るが、スーパーの駐車場などでは一方通行の逆走など普通なので驚いてはいけない。どこまでマナーを守るかは、社会によって微妙に違い、外から来た人間には簡単には分からないものなのだ。

おまわりさんも守らない歩行者信号

さて、今度は歩行者として街に出てみよう。少し観察すればイギリス、特にロンドンの歩行者は赤信号でも自分が安全と思えば、躊躇《ちゅうちょ》なく渡っているのが分かるだろう。

かつてサッカー日本代表のトルシエ監督が、自分の出身国、フランスと比較して、「赤信号だからといって車が来ないのに道を横断しないのは日本人に判断力がないからだ」などと評したことが話題になったが、この点でイギリスはフランスには負けていない。

実は私もイギリス人の歩行者はフランス人よりも信号を守るものだと思っていた。何しろ紳士の国だからである。

スイスに住んでいたころ、年に1度ほどロンドンに来る機会があった。ジュネーブから飛行機でロンドン南部郊外のガトウィック空港に着き、ロンドン市内に入る列車に乗り換えると終着がビクトリア駅で、その周辺のホテルに泊まるのが恒例だった。

さて、ビクトリア駅で降りてホテルを目指し信号を渡ろうとすると、路面に「右を見ろ」「左を見ろ」などと書いてある。ご存じのとおり欧州大陸のほとんどの国で車は右側通行だがイギリスは左側通行。それゆえ、初めてイギリスの街を歩く欧州からの旅行者のために、親切にわざわざ車の来る方向が書いてあるのだろう、と思った。何とイギリス人は親切なのだろう。さすが、紳士の国だ。

しかし、ロンドンに住み始めると、あちらこちらに同じように「右を見ろ」「左を見ろ」「両方見ろ」と書いてあることに気づく。しばらく、どういうことかと悩んだが、イギリス人歩行者の信号無視の度合いをみてようやく分かった。歩行者が信号を守らないことを前提に、歩行者に注意を呼び掛けているのだ。

娘は学校で「赤信号では渡ってはいけません」などと教えられたことはないという。警官も車が来ないのを確認したらさっさと赤信号でも渡っている。赤信号を無視して車にひかれた場合は、ほぼ全面的に自己責任となるらしいが、判断するのは自分である。青信号は「法的に渡ってよい」、赤信号は「自己責任で渡ってよい」ということらしい。

だから、歩行者は一応、赤信号では止まるが、隙あらば渡ろうと神経を常に研ぎ澄ませている。赤信号だからといって、ぼうっと立っていると、渡ろうとする人に後ろから押しのけられることもある。ロンドン市内で、青信号になるまで待とうとしているのは、外国人、地方から出てきた人、子供連れ、または足などが不自由な人に限られるようだ。

ただ、赤信号で渡ろうとして車の来る方向だけに気をとられ、信号が青になっているのに気づかずに、結果的に道を渡るのが遅れる人も時々いる。間が抜けていて親しみが湧く。

スイスからの日本人のお客さんを案内するのに、ロンドン市内をいつもの調子で歩いたら、「ひえー、これ、渡っていいんですか」と、何度も悲鳴にも似たような声をあげさせてしまい、申し訳ない思いをしたこともあった。

急ぐのが好きなイギリス人に合わせて、信号もとにかくすぐに変わる。イギリスの信号は日本のように、青から赤に変わる時に黄色になるだけでなく、赤から青に変わる時にも黄色になる。日本だと赤信号だと、ちょっと一息（昔だったら一服）、という雰囲気だが、イギリスではそんな暇はない。赤で止まったと思ったら、あっという間に黄色になる。すぐに発車しないと青になり、後ろからのクラクション攻撃にさらされる。

イギリスの歩行者信号については、最低6秒は青というルールがあるらしいが、結構広い道や、スクランブル交差点でも最短の6秒か、同程度の長さのところが珍しくない。足の悪い人やお年寄りは当然、渡り切れないので、赤信号になっても横断歩道や交差点の中を歩いている。青だからといって、すぐに発車すると危ないのだ。

ただ、イギリスの道が特に危険というわけではない。交通事故の死亡率の統計を見るとイギリスは10万人あたり3・6人で日本（4・5人）、ドイツ（5・1人）、フランス（6・8人）に比べ少ない。信号に頼るより自分で安全を確認したほうが、かえって身を守れるのかもしれないが、日本で実践するにはなかなか周囲の目が厳しいようだ。

それにしても、日本人の歩行者はきちんと赤信号を守る。帰国して改めて感心した。一方、自転車の無法ぶりはイギリス顔負けである。歩行者として赤信号を守らなければならないストレスを、自転車の運転で晴らしているのではないかと勘繰りたくもなる。

どうしてそんなに急ぐのか

ロンドンの歩行者は歩くのが速いという印象がある。しかし、ブリティッシュ・カウンシル（英国文化振興会）が32都市を対象に行った調査によると、ロンドンは12位であまり速いわけではない。ちなみに、1位はシンガポール、2位コペンハーゲン、3位がマドリッド、東京は19位だ。

ただ、ロンドンの特徴はいつでも速いということだ。通勤、通学中の人が速く歩くのはどこの都市でも見られる風景だろう。しかし、ロンドンの人々は、状況に関係なく速いのである。

私は日本人としては歩くのが速いほうだと思っている。記者時代、取材で中央官庁の中を歩き回っていたが、取材先から「加藤さん、歩くの速いですね。後ろから見かけたので追いつこうと思ったけどだめでした」などと言われたこともある。

しかし、ロンドンでは、しょっちゅう追い抜かれた。朝夕の忙しい時間帯なら分かるが、談笑している女子高校生に抜かれ、乳母車を押すお母さんに抜かれ、杖を突いて歩くおばあさんや、電動車いすのおじいさんにまで抜かれたことがある。小さな自尊心が傷つけられて、追い越そうとしたこともあったが、じきにやめた。疲れるだけだからだ。

観察していると長い足を利用して大きなストライドで歩く人だけでなく、細かく素早く足を動かすピッチ歩行の人も多い。いずれにせよ速い。娘も周囲に鍛えられたのか速くなった。学校単位で課外授業などに出る時も、それが普通だったという。

観光ガイドブックなどを見ると、「都市部でも公園が多いイギリスでは、みんなのんびり散歩を楽しんでいる」などと書いてある。

しかし、そんな人はまれである。公園を散歩していても速いのである。木立ちの中の小道でも、すぐに誰かに追いつかれてしまうので、いつも背後に気をつけて道を譲らなければならない。何をそんなに急いでいるのかと思うが、用があって急いでいるのではないのは確かなので、イギリス人は急ぐのが好きだとしか考えようがない。イギリスからフランスやイタリアに行くと、普通のスピードで歩いても後ろからせかされたりしないのでほっとする。長期の休暇もフランス人やイタリア人は何もしないでのんびりするのが好きだが、イギリス人は何かしていないと気が済まないようだ。ビジネス（business）の語源が「忙しい」「ふさがっている」（busy）であるのが象徴的だが、イギリス人にとって暇で何もやることがない生活は耐えられないのだと思われる。

イギリスという国は天気が変わりやすいうえに冷涼で、真夏でも最高気温が20度を切るような日も珍しくない。たっぷりお日様をあびながらのそぞろ歩きが楽しい、という日は少ない。芝生に寝転んでいても、ベンチに座っていても、じっとしていると冷えてくる。曇り空の下では、何かしていないと気が滅入る。そうこうしているうちに、ポツポツと雨が落ちてきた。早く、体を動かさないと。

というわけなので、歩くスピードが速くなるのも自然なことのように思える。ただ、地方ではロンドンほどは速く歩かないようなので、この推論は話半分に聞いてもらったほうがいいかもしれない。

余談になるが、欧州でロンドン以上に歩くのが速い印象を受けたのがスペインのバスク地方だ。バスクはスペインとフランスとの国境にまたがって住む民族で、他の欧州言語と全く類縁関係のないバスク語を話す。スペイン側の行政の中心、ビルバオには現代美術のグッゲンハイム美術館の分館があり、フランス国境に近いサン・セバスチャンは美食の街として有名だ。そのサン・セバスチャンには、半月型の湾に沿って、気持ちいい散歩道が続いているが、そこを歩く地元住民の歩みの速いこと、速いこと。田舎町の昼前に急いでいる人などほとんどいないはずなのに、老若男女を問わず地元のバスク人たちは、忙しいロンドンから来たせわしない日本人観光客を、ガンガンと追い抜いていく。我々より遅いのは足を悪くしているお年寄りだけだった。スペインではバスク人は体格がいいというイメージがあるらしいが、歩くのが速いのも、肉体的優位性を他のスペイン人に見せつけるためなのだろうか。機会があればいつか理由をさぐってみたい。

遅れてもネバーマインド

さて、赤信号を無視してまでいつも急いで歩いているのであれば、イギリスは時間を厳密に守る社会かといえば、そうではない。イタリアやギリシャほど酷くはないだろうが、少なくとも日本よりは相当、許容範囲は広いようだ。

渋滞や事故に巻き込まれ、どうしても娘を学校に時間どおり送り届けられないこともあったが、少々の遅刻でわざわざ学校に連絡するのは日本人だけのようだった。電話しようとすると、「友達は誰もしてないからやめて」と、しばしば娘に止められた。

ロンドンの地下鉄や電車は遅れることで有名だ。バスなら渋滞に巻き込まれることもあるだろうが、専用軌道を走っていても遅れてしまう。設備が古いので、信号が作動しなくなったり、トンネル内に水漏れしたりと、故障の種は尽きない。「駅のエレベーターが故障しました」などといって、下車予定の駅を、急に通過してしまうこともある。普段の通勤・通学だけでなく、大切な約束や劇やコンサート開始時間などに間に合わないという事態も出てくるが、それはそれで仕方ないと、あきらめるのがイギリスの社会なのだ。

日本のように時間にうるさい社会であったら、現状のロンドンの地下鉄の存在そのものが受け入れられないだろう。1分30秒の遅れを取り戻すために、運転手が速度を出しすぎたのが原因とされるJR福知山線脱線事故のようなことは、イギリスではまず起こりえない。13分ぐらい遅れても容認するのがイギリスである。

なおイギリス英語では地下鉄のことを「subway」ではなく、「underground」または

「tube」といい、「subway」は地下通路の意味になる、というのは正確ではない。スコットランドのグラスゴーでは地下鉄は「subway」と表示されている。独立運動につながる反イングランドの心意気が感じられる。

一般的に、日本人がイギリス人について、「交通規則を守る」「時間に遅れない」といったイメージを抱いているのは、ドイツ人と重ねて考えている部分が大きいような気がする。確かに言語的には英語は、ドイツ語と同じゲルマン系ではあるが、民族的にはイギリス人をゲルマン系には含めない。イギリスには元々、ケルト人といわれる現在のアイルランドと同じ民族が住んでいたが、ローマ帝国の一部となった後に、ゲルマン民族が入ってくるといったふうで、古代から他民族の流入が激しかった。中世にはフランスからの影響も強く、いわゆるラテン系の要素もかなり強い。現在のイギリス人がゲルマン系と共通するのは、食事の味に重きをおかないという点ぐらいだろう。「融通ききまくり」のイギリスと、がんじがらめに規律を重んじるドイツとは、相違点のほうが目立つ。

また、世界でいち早く産業革命を起こし、大英帝国を築いたイギリスは何事もきちんとしているはずだ、という思い込みもあるかもしれない。しかし、よく考えてみれば、一種いい加減でおおざっぱな気質、いい意味でいえば柔軟性がなければ、あれだけ多様な文化、民族を抱えた帝国を維持することは不可能だったのではないだろうか。大日本帝国との違いを感じる部分でもある。

食事は燃料

主夫として料理を担当してきたが、週末は基本的に朝食しか作らず、昼食と夕食は外食または妻が作ることがほとんどだった。自宅から歩ける範囲にもイタリアン、中華をはじめ、タイ、ベトナム、レバノン、インド、日本（ただし韓国風）、ギリシャ、メキシコ、トルコ、ペルシャの各国料理店がそろい、イギリス料理ならフィッシュ・アンド・チップスで有名な店もあった。何回も通ったところは皆それなりの味である。イギリスで食べる料理がすべてまずいと言うつもりは毛頭ない。

ただ、一般的な基準から言えば、イギリスの料理のレベルは低い。特にグルメ大国のフランスが海を隔てているとはいえ隣国というのは信じがたい。ここまで、味について隣国の影響を受けないというのは、ある意味では驚くべき文化的な強度である。

そもそも、イギリス人の多くは、食事そのものにあまり興味を持っておらず、幼いころからの食習慣が影響してか味盲に近いような人もいる。日本人女性と結婚したあるイギリス人は「日本人のブログは食べ物のことばかりだ」と言っていたが、日本人だけでなく、フランス人やイタリア人にとっても食事は日常生活だけでなく人生の重要な関心ごとである。ところが、イギリス人には食べ物の味などに執着することそのものを潔しとしない、という考え方が根強くあるようだ。

本当のイギリス料理の良さは家庭料理でないと味わえないといった記述も見かける。貴族につらなる家柄の方々や、大学教授などのインテリのお宅に伺えば、伝統に裏付けされた素晴らしい家庭料理を味わえるのだろう。もちろん、一般のイギリス人でも料理を趣味、さらには生きがいにしている人も、それなりの数はいるはずだ。しかし、残念ながらそういった方の知遇を得るのは、普通の主夫生活ではたやすいことではない。

イギリス人を夫に持つ、日本人の女性の話を聞くとなかなか衝撃的だ。炭水化物ダイエットをしている旦那さんにおいしいものを食べてもらおうといろいろ工夫していたが、なかなか気に入ってもらえない。そんなある日、疲れて料理をする時間もなかったので、茹でた豚肉をそのまま出したそうだ。自分で塩、胡椒をかけて食べた旦那さんは「これでいい」と喜んだという。

イギリスのパブなどで出される野菜はクタクタに茹でられて、味がなくなっていることが多いが、ある日本人の奥さんは、「ほどよい歯ごたえが残るように」と、茹で加減を調節して出したら、イギリス人の旦那さんに「硬すぎる」とひどく文句を言われたという。

親子丼を卵のところが柔らかなトロトロの状態で出したら、旦那さんはいきなり電子レンジに入れて、カチカチになるまで加熱してから食べ始めた、という話も聞いた。

娘はイギリス人の友達の家に遊びに行って泊めてもらうことも多かったが、夕食に食べたものを聞くと、買ってきたピザとか、パスタを茹でて出来合いのソースをかけたとか、冷凍のフィッシュ・アンド・チップスやフィッシュ・フィンガー（白身の魚を棒状にして揚げたもの）をレンジで解凍したとか、そんな感じである。そもそも、おなかが空いたら各自何か適当なものを食べるという習慣のようで、家族そろって決まった時間に食事をするということもあまりないようだ。先に紹介したパンクバンド、セックス・ピストルズで、作曲を担当していたベーシスト、グレン・マトロックは「いつも同じ時間に食事をするような奴」という理由で、首になっている。

妻はイギリス人の同僚に「イギリス人にとって食事って何」と尋ねたら、「燃料（fuel）よ」と答えられ絶句したという。ファストフードの看板には「君のタンクをもう一度いっぱいにしよう」（refuel your tank）などと書いてある。娘を連れて行った遊園地のファストフード屋台の店名には「ガソリンスタンド」というのもあった。腹が満たされ、次の行動が可能になれば何でも構わないらしい。

しかし、いくら食に執着しないといっても、やはり幼いころから親しんだ味は懐かしいものであるらしく、外国旅行の後などは無性にイギリス料理が食べたくなるようだ。

クリスマス休暇にフィンランドのサンタ村のようなところへ行ったことがある。イギリスを代表する旅行会社、トーマスクックの企画旅行で、もちろんツアー参加者はほとんどがイギリス人。フィンランドといえば、フランスのシラク大統領（当時）がオリンピック招致運動中に、「フィンランドの次に欧州で食べ物のまずいイギリスなんかでオリンピックが開けるか」という失言でフィンランドの国際オリンピック委員会（IOC）委員を怒らせ、有力とされていた2012年のパリ開催をロンドンにさらわれたことでも分かるように、食事については評判が悪い。しかし、レヴィ（Levi）というリゾート地の食事は、国際リゾートの標準的な味で、特徴がそれほどあるわけではないが、十分満足できるものであった。

日程も終わりに近づき、クリスマスイブとなった。さて、今日はどんな料理が出るのかと期待していたら、「皆さん。そろそろ、故郷が懐かしくなってきたでしょう」ということでイギリス料理。揚げてからずいぶん時間が経ったのか、ぐにゃぐにゃ、べとべとになったフィッシュ・アンド・チップスをつまみながら、「やっぱり、おいしいなあ」など喜んでいるイギリス人たちを横目に、黙々と腹を満たすしかなかった。

味より大切なものがある

ロンドンは世界中からお金と人が集まる大都会である。海外から本場の料理人がやってきて腕を競っている。ただ、イギリス人に人気があるからといって、味もいい、などと思ってはいけない。イギリス人は外食が好きだが、レストランを選ぶのは「流行の料理店である」「内装が格好いい」「安くて量が多い」「酒が飲める」といった理由が大きく、味についての優先度はかなり低い。

当家の近所に正統派のフランス料理を出す手頃なレストランができて喜んでいたら、半年余りであっという間につぶれた。オーナーは「結構、裕福な人が住んでいるのに、どうしてこの味でお客が入らないのか」と嘆いていたが、残念ながらイギリス人を理解していなかったとしか言えない。

そもそも、ロンドンのフランス料理屋で、フランス人が食べているのを見たことがない。フランス人は高くて質の悪いロンドンでのフランス料理はあきらめ本国に帰って食べるそうだ。イギリスと欧州大陸を結ぶユーロスターまで開通した今となっては、普通の値段でそこそこのフランス料理が食べられる店はロンドンにはまず出現しないだろう。

知り合いのイタリア人から、ロンドン北部のカムデンの自宅の近くにナポリから来た職人が作る本場のピザ屋があったのに、客を「ピザ・エクスプレス」というチェーン店にとられ、あえなく閉店した、という話を聞いたこともある。ロンドンブリッジにあるはやりのペルー料理店に行ってみたところ、10人余りの若いイギリス人の集団が、料理を全く注文せずビールだけを飲んでいたのにも驚いた。

おいしい店を見つけるには、イギリス人以外の客がどれぐらい来ているかで判断したり、信頼できる人の口コミ（在英期間が長い日本人には味覚が完全に現地化している人もいるので注意）に頼ったりして試行錯誤するしかない。注意すべきなのは、たとえコックが本国人でも、イギリス人相手に商売が成功すると料理の質が落ちることだ。味はあまり売り上げに関係ないことが分かってくるからで、特にイタリア料理店に顕著な傾向のようだ。

余談だがロンドン郊外でのアジア系レストランは、日本料理とタイ料理が主流になり、中華料理は持ち帰り（take away）だけになりつつある。ソーホーの中華街は相変わらず観光客で賑わっているが、ウィンブルドンにもリッチモンドにも駅前の一等地に中華料理店はない。中華料理は脂っこい、とかで健康ブームに取り残されたらしい。ただ、日本料理といってもイギリス人向けに韓国人や中国人が経営していることが多く、日本と同じ味を期待してはいけない。ベトナムやトルコ料理も増えているが、まだロンドンの北東部の一部地域に集中している。

ソーホーのパブ

イギリス人が外食をするのは、これまで本来は飲み屋であるパブ、またはカフェ（多くの場合、イギリス式朝食を一日中出すような安食堂のこと）で、フランスやイタリアのように一般人がレストランで食事を楽しむ習慣ができたのはごく最近のようだ。最近はガストロパブと称して、食事を売り物にしているパブもあるが、ビールをしこたま飲み大音量で話している客も多く、落ち着いた食事ができるような環境ではないことが多い。

食事の時間はフランスの半分

こういった食文化を持つイギリスのレストランには、欧州大陸で見られないいろいろな特徴がある。当初びっくりしたのは、結構値が張る店でもテーブルクロスがないこと。欧州大陸でもカジュアルな雰囲気を売り物にしている店ではテーブルクロスがないこともあるが、一般的にはテーブルクロスのあるなしで店の格が決まるぐらい大切なものだ。

欧州大陸ではレストランのパンは無料で好きなだけ食べられるが、イギリスでは注文して別料金を払わないと出てこない。また、欧州大陸ではパンは一口サイズに手で小さくしてから食べるものだが、イギリスでは口で噛みちぎっても構わないようだ。

料理が運ばれてきて食べ始めると、イギリスでは給仕してくれた人が必ずと言っていいほど、「大丈夫ですか（Everything is alright?）」「料理を楽しんでますか（Do you enjoy the meal?）」などと聞いてくる（最高級店のシェフなら話は分かるのだが）。さらに、イギリスのイタリア料理店などでは、巨大なペッパーミルで料理に黒胡椒を振りかける儀式が欠かせない。アメリカの習慣がイギリスに入ったという説を聞いたことはあるが、少なくともイタリアではそのような光景は見たことがない。

食事に重きを置かないイギリスでは、レストランなどで働く人たちの社会的地位も高いとは言えないようだ。当然、仕事に対する誇りもなく、マニュアルどおりに機械的に話したり、動いたりしているようである。これでは、フランス、イタリアのようなプロの給仕人はなかなか育たない。イタリア人は、電車やバスはまともに動かせないが、レストランでは実にキビキビと動いている。

なお、ピザはイタリア人とは違って手で食べる。日本では一部で「ピザはアツアツを手で持って食べるのが本場の食べ方」という説が流布しているようだが、イタリア人はテーブルに座ってピザを食べる場合、必ずフォークとナイフを使う。そもそも、イタリア人は他の欧州人と同様、猫舌なのでアツアツのピザは食べられない。空港のファストフードのピザ屋などでイタリア人がプラスティック製の柔らかいフォークとナイフで、必死にピザを切ろうとしているのを見るのはおかしい。さすがに、最後はあきらめて手で食べているが。

イギリスでは食後の習慣も異なり、デザートとコーヒーを頼んだ場合、一緒に持ってきてしまう（大陸ではコーヒーは、デザートを食べ終わった後に飲むものだ）。料理も素早く出てくる。1時間、2時間は当たり前のフランスに比べると、おおむね半分ぐらいの時間で食事を済ませるので、確かに回転はいい。また、レストランによっては支払いが終わると、レシートを持って行ってしまうところもある。税金の申告に使うのか、証拠隠滅でも図っているのか、これも欧州大陸ではあまりない習慣だ。

イギリスで映画を見ると、エンドマークが出たとたん、観客はその後のタイトルロールなど全く興味がないように一斉に退出してしまう。食事を含め、余韻を楽しむという感覚があまりないようだ。

第2章 シャイな人たちとのおつきあい

最初はとっつきにくいイギリス人

イギリス人のシャイぶりを表すエスニック・ジョーク（国民性を題材にした笑い話）に、二人のイギリス人が無人島に流されたが、紹介してくれる人がいなかったので、死ぬまで二人は一度も口をきかなかった、というのがある。酒を飲まないとイギリス人はそれほどシャイなのだ。

ロンドン滞在が長くなってくると、娘の学校関係者を中心に、顔見知りのイギリス人が増えていったが、打ち解けるのはそう簡単ではなかった。しかし、記者の心得ではないが、人との距離を縮めるには現場に行き、少しでも長く一緒の時間を共有することが大切だ。たとえ、話題がなくて会話が続かず、気まずい思いをしても、その場にいることで少しずつでも親しくなっていくものである。

修行のような毎日を過ごしているうちに、ようやく娘と同じ学年の女の子を持つお母さん方と関係ができてくる。娘は普段、放課後は校庭で友達と一緒に遊んでから帰ることが多く、学校でその待ち時間ができるし、ホッケー、グラウンダー、ネットボール（後の二つはイギリス連邦だけでやっている女の子のスポーツ）など、他校の同学年の児童との対抗試合が校外で週1回程度あって、応援ついでに迎えに行くこともある。子供たちがお互いの家に遊びに行くことも増えてきた。

そんな中で、いつも放課後に遊んで帰る子はだいたい決まってきて、娘のほかはリリー、メイジー、時にこれにデイジーが加わる4人組が基本となった。

この4人娘のお母さん方の中では、メイジーのお母さんのジルさんはイギリス人としてはかなり例外的な方で、ざっくばらんに誰にでも話しかけていた。学校に通い始めてからしばらくは、私と会話してくれる唯一のイギリス人だった。以前から、日本人のお母さん方とのつきあいも長いようで、日本人に慣れていたという面もあるだろう。

しかし、その他の娘の友達のお母さんと、ようやくある程度の会話が成立するようになったのは、1年余りが過ぎてからだろうか。リリーのお母さんのクレアさんとの間はそれでもまだ早かったが、デイジーのお母さんのキャサリンさんは人見知りが特に強く、挨拶までに1年、世間話をするのに2年近くかかった感じである。

時間をかけて距離を縮めた私の努力というよりも、娘の英語の能力が上がって、友達づきあいが増え、親どうしのコミュニケーションが必要になってきたという実際的な要因のほうが大きかったのかもしれない。しかし、当初は本当に表面的なあいさつだけで、会話はほとんどなし。少なくとも向こうから積極的に話しかけてくるようなことはまずなかった。

同じ欧米人といっても、これがアメリカ人だとずいぶん違う。娘が4年生の時にアメリカのカリフォルニアからジェシーという男の子の転校生が来たのだが、お父さんも、お母さんも本当に典型的なアメリカ人で、初対面から開けっぴろげにいろんなことをどんどん聞いてきたし、いつもニコニコしていた。

イタリア人のお母さんも同学年に二人いて、こちらもかなり愛想が良く、一人ポツンとしているといろいろと話しかけてくれた。私が多少、イタリア語を話すので面白がっていた部分もあるが、イギリス人に比べ明らかにとっつきやすかった。イギリス人は結構親しくなっても他人との距離をとりたがるとされ、すぐに握手したり、抱き合ったりしてスキンシップをとるフランス人やイタリア人から見ると冷たい感じがするらしい。

金離れはいいけれど

ただ、イギリス人は一度親しくなると、本当に親身になってくれる。娘を家に誘って遊んでくれたり（playday）、泊めてもらったり（sleep-over）、スケート場やプール、競馬場（イギリスでは高級な趣味とされている）、コンサートなどに連れて行ってくれたり。リリーのお母さんのクレアさんはアイルランドの里帰りにまで娘を一緒に連れて行ってくれた。

ただ、その最初の距離感だけは、正直、もう少し早く縮まらないものだろうか。ただでさえ人づきあいのきっかけが少ない中年外国人主夫としてしばしば思ったものだった。

子供を遊ばせるうえで日本の習慣と大分違ったのは、様々な施設の入場料や食事代などの費用を連れて行った側が全部、払ってくれてしまうことだった。こちらが恐縮して、初めは娘に小遣い銭を持たせたり、費用分だけでも渡そうとしたりしたのだが、なかなか受け取ってくれない。そのうち、当家としても、お返しにどこかへ連れて行ってあげるようなことも増えて、費用のことはうやむやになっていった。

イギリス人は少額の出費については鷹揚だという印象がある。パブで酒を注文する時も割り勘ではなく、グループの中の誰か一人がまとめて支払う習慣がある。知り合いが飲んでいるところにちょっと顔を出したりすると、結果的におごってもらってしまうことも多い。本当は別の機会におごり返さなければならないのだが、いつも一緒にいるわけでないので結局、うやむやになってしまう。

イギリス人は消費性向が強くて、借金はあまり躊躇せず、貯蓄も日本に比べれば少ないという。子供に何か残すよりも死ぬまでにきれいさっぱり使ってしまおう、という考え方をする人が多いらしい。

欧州ではフランス人がケチというか、「何かにつけて因縁をつけ値下げを迫る」といった目で見られており、スイス人は「お金をためるのが好き」などと言われている。それに比べると、イギリス人の金離れがいいのは確かなようで、外食時のチップも大陸諸国より気前よく払う人が多い印象だ。しかし、一括りにイギリス人といっても（ご存じのようにイギリスはイングランド、ウェールズ、スコットランド、北アイルランドが集まった連合王国）、スコットランド人はケチというステレオタイプができあがっているぐらいなので、あまり単純化するのもよくないかもしれない。

いずれにせよ確かなことは、イギリス人は気前がいいといっても、それは個人レベルのつきあいでの話。イギリスの銀行家の強欲ぶりは日本の比じゃないし、元ビートルズのポール・マッカートニーの前妻のヘザー・ミルズさんではないが（離婚の慰謝料1億2500万ポンド＝約200億円を請求して、最終的に2430万ポンドを獲得）、離婚訴訟の額もケタ違いだ。もちろん、商売ベースでは悪質業者も少なくないので、くれぐれも誤解されぬよう。もともと、強欲でなければ世界中を植民地化して大英帝国など築けるはずはないのだから。

英陸軍を早期退職して専業主夫に

イギリスではお母さんだけでなく、子供の送り迎えをするお父さんもそれなりにいる。日本に比べれば、かなり多いだろう。日本の保育園、学童保育でも、娘の送り迎えをしたが、私のような頻度でやっている男性はあまりいなかったようで、やや特異な存在となっていた。ある調査によれば、イギリス人の成人の男性のうち10人に一人は専業主夫だという。子育ての必要がある夫婦で、妻のほうが収入がいい場合など、専業主夫になることに対する男性の抵抗は日本に比べて小さいようだ。

娘の一つ下の学年の女の子、フィービーのお父さんのディックさんは「子供と過ごす時間がほしい」と年金受給資格の獲得を機にイギリス陸軍を早期退職、子供の送迎や家事を担当していた。スーパーで買い物をしているところでばったり、ということも結構あり、お互い顔を見合わせて苦笑したものだった。

しかし、男同士だから話が合うかというとなかなかそういうわけでもなく、そこはやはりイギリス人のことで親しくなるのは簡単ではない。また、一般的な傾向として言えるのかどうか分からないが、子供の送り迎えをするお父さんは、息子さんを担当していることが多く、子供の話題もあまりかみ合わない。

娘は3年生、8歳で編入したが、最初のころは、英語は分からないにせよ男の子とも混じって遊んでいて、男の子の両親ともそれなりにつきあいがあった。しかし、学年が上がるにつれ、女の子は女の子、男の子は男の子で遊ぶことがほとんどになる。せっかく仲良くなりかけた男の子のお父さん、お母さんともなんとなく疎遠になり、3年強、通ったのに、男の子の名前と顔と、両親の名前と顔が最後まで一致することなく終わった。

親同士のつきあいの深さは、子供同士の仲の良さに比例することが多い。子供同士の関係が悪くなると、親同士も何となく居心地が悪くなる。娘にはできるだけ皆と仲良くしてもらいたかったが、どうしてもうまくいかなくなる場面もあり、親としても頭の痛い問題であった。ただ、もともと子供がいなかったら出会わなかった人たちなので、子供に文句を言うのは筋違いというものだろう。

サッカーの話は要注意

イギリスで父親同士の話が盛り上がるのはやはりサッカー、酒が入ればなおさらだ。普段は割とむっつりしているイギリス人も、酒を飲むとどんどん声が大きくなり人好きのする性格に急変したりする。こういう点は日本人と似ていて、イタリア人のように酒を飲んでも飲まなくても、常にハイ・テンションで社交的というイギリス人は少ない。

娘の通っていた学校、ホールスクール（Hall School）・ウィンブルドンでは同じ学年の保護者によるクリスマス会が毎年あった。子供は連れてこないのがルールの単なる飲み会だ。パブやレストランなどの会場に車で乗りつけ、みんな結構飲んで帰る。日本人はバスで来たり、ソフトドリンクを飲んだりしている。

イギリスや欧州のサッカーを知っていれば、酒席での男同士の話の輪にも、どうにか入っていける。ただ、忘れてはならないのは特定のチームを熱狂的に応援している人がいることだ。

ウィンブルドンは地理的に近いチェルシーかフラムのファンが多い。スタジアムは目と鼻の先にあるのに、ファン同士は当然、仲が悪い。

それだけでなく、サッカーファンには他のチームの話そのものを喜ばない人もいる。ある時、たまたま、チェルシーの話をしていたら、話し相手の一人であるニールさんは、「私はマンチェスター生まれで子供の時からのマンチェスターユナイテッドのファンだ」と突然まくしたてはじめた。その場はどうにか取り繕ったものの、その後は何となく疎遠になってしまった。

娘と同学年にマリックという男の子がいて、ウズベキスタン出身のお父さん、バキットさんが時々、送り迎えをしていた。旧ソ連から独立したトルコ系の言葉を話す国だが、バキットさんの風貌は日本人とほとんど変わらない。この人もサッカー好きで、特にオリンピックやワールドカップの予選の時は盛り上がる。アジア予選の話ができる人はイギリス人にはいないので貴重だった。学校行事でたまたま会った際に、話をする程度のつきあいだったが、共通の話題がある知り合いがいるということだけで、何となくほっとできた。

なお、イギリスだけでなく欧州全般に言えることだが、スポーツは大別して二つに分けられる。それは、サッカーとそれ以外である。日本ではしばしば、「海外に比べオリンピック報道が過剰だ」といった批判を耳にするが、一面では正しい。欧州ではオリンピックは「その他」のスポーツの大会なのだ。一方、サッカー報道の過熱ぶりは、興味のない人間から見れば異常である。イギリスでサッカーに次ぐのはラグビー、テニス、クリケット、ビリヤード（これはスポーツ扱い）といったところ。これ以外のスポーツは、ほとんどニュースとしても報じられない。

父親同士のつきあいに戻るが、ミキーのお父さんのロビンさんとは、先のクリスマス会で仲良くなった。その後は、たまに息子さんを迎えに来て私を見つけると、親切にもなにかしら声をかけてくれた。奥さんが中国系ということもあって、親近感があったのかもしれない。ロビンさんはスコットランド人で、「スコットランド人は親切な人が多い」というステレオタイプに見事に当てはまるいい人である（ケチかどうかは不明）。ただ、困ったことに、この人の英語、私にはよく分からないのである。

アメリカからスコットランドのチームに移籍したサッカー選手が、チームメートたちが何を話しているのかさっぱり分からず「ハハハ」と調子を合わせて笑っているだけだった、というインタビューを見たことがある。もともと英語を母国語にしている人でも分からないのだから、仕方がないとあきらめるしかない。

4年生の終わりにシンガポールに引っ越してしまったが、デンマーク系のミーアという女の子がいた。送り迎えをしていたおばあさんは人好きのする性格の方で、ニコニコと私にもよく話しかけてくれたが、悲しいかな、この人の話もよく分からなかった。親切にしてくれる人に限って、話が通じないというのは寂しいことであった。

欧州では珍しい制服

イギリスは欧州で最も学校制服が採用されている国だそうで、公立、私立を問わず、ほとんど幼稚園から制服を採用している。統制を嫌うフランスやイタリアでは子供の制服姿はまず見ない。ドイツはナチ時代の反動で嫌悪感が強いようだ。

イギリスでは16世紀、ヘンリー8世の時代に大規模に学校制服が導入されたというので歴史的には筋金入り。近年も大きな敗戦や学生運動など、軍服の廃止につながる社会変動が起きず、学校管理にも便利ということで生き残ったようだ。

スクールカラーが決まっていて、別の学校の子がまじっていても見分けがつきやすい。色は赤、紫、青、黒などが多く、ホールスクールのような緑は珍しかった。

制服といっても日本でのようにスカート丈は膝上何センチとか、靴下は折りたたんではけとか、細かい規定があるわけではなく、スクールカラーのスウェット素材のトレーナーさえ着ていれば、あまり文句は言われないようだ。そもそも、学校ではすぐに物がなくなるうえ、学校指定用品の販売店へ行っても品揃えが安定していないので、常に完璧に準備しようとしても無理がある。頭髪もあまり長いと運動の時に危ないので縛るよう言われるが、それ以上の規制はない。ピアスをしても問題はない。

通信社の記者時代に赴任していた岩手県の盛岡支局時代の話だが、同県内のある地域でファッションやデザインを町興しの柱にしようという構想が持ち上がり、フランスだかイタリアだかのデザイナーを呼んで、意見を聞いたことがあった。

現地を視察した後、そのデザイナーは開口一番、「まずは学校の制服を廃止して、ジャージで校外を歩くのも止めさせなさい。あれではファッションの感覚が身につくはずがありません」と言ったという。

かつて日本のデパートの服飾関係部署で働いていた知人は、イギリスの女性向けファッションは「スポーティー系かセクシー系ばかりで、エレガントで可愛いのが少なくて、日本に持って来るのは難しかった」と評していた。ロンドン・コレクションもストリートファッションに特色はあるものの、基本的にパリ、ミラノに向けた若手の登竜門と位置づけられているようだ。

娘の学校にはマフティー（私服）デイというのがあり、学期末やチャリティーの募金集めの日には、テーマ（フランスの日とか）に合わせた好きな服を着てきていいことになっていた。しかし、これはおしゃれというより、仮装に近い感じである。子供を迎えに来るお母さん方の、実用一点張りか、Tシャツにブーツ、毛皮コートにサンダルなど「何でもあり」の着こなしを見ていると、「イギリスはファッション分野で遅れている」と言われても妙に納得してしまう。

私自身は、ほとんど服装に気を遣わないほうで、靴も底から水が浸みてくるまで同じものを履くし、ズボンやシャツ、下着も破れて衣服としての機能が果たせなくなるまで買い換えない。意図的ではないが、結果的には素晴らしいエコロジストである。

娘から「また、同じ服を着ていくのはやめて。友達に笑われる」などと、文句を言われていたが、イギリスには「自分に危害が加えられなければ、他人が何をしていようと気にしない」という美徳があるので、「郷に入っては郷に従え」との格言にならい、娘の非難を受け流していた。

何着ていても大丈夫

私のような人間が、ファッションについて語るのもおこがましいのだが、あえてイギリス風の着こなしの特長を言えば「いつどこで何を着ていても構わない」ということだろう。服というのはまず、体温を維持するのが最大の目的である。そこで、四季がはっきりした国の場合、春夏秋冬に合わせた服装をするというのが基本になる。

しかし、イギリスではこの四季がはっきりしない。

イギリスはおおむね、北海道の北の樺太の中部を横切る北緯50度のさらに北側に位置するが、沖合にはメキシコ湾流から分かれる暖流の北大西洋海流が流れていて、緯度の割に気温は暖かく安定している。ロンドンでは真夏でも30度を超えるのはほんの数日で、最高気温が20度を下回ることも珍しくない。湿度も低いので過ごしやすい。冬は寒い日が続くこともあるが、基本的には氷点下まで下がることはまれだし、雪も通常、積もらない。湿度が高いので静電気で酷い目に遭うこともない。

いずれにせよ、一年中秋のような気候で、あまり季節感がない。ある出来事や旅行の時期について「あの時は寒かったなあ」などと思い出しても、調べてみると真夏だったりする。さすがに真冬はそれなりに防寒が必要だが、それ以外の季節は、半袖だろうが、長袖だろうが、Tシャツ1枚だろうが、コートを着こもうが、サンダルをつっかけようが、ブーツをしっかり履こうが全く問題ない。

学校の送り迎えのお母さん方を観察してみても、日本人やイタリア人、フランス人といった外国人だけが、衣替えを意識していて、4月になれば春の、10月になると秋らしい服装をしてくるので、笑ってしまう。もちろん、イギリスの学校に衣替えの習慣はない。

一方、こういったイギリスの服装の自由さは、いろいろと制約の多い日本になじめなかった人にとっては非常に印象的なようだ。娘の面倒を見る必要がなくなってから、ロンドンの邦人向けフリーペーパー、*Japan Update Weekly*（2016年1月で休刊）のレポーターをしていたが、インタビューした日本人のかなりの人が、初めてイギリスに来て驚いたことの一つに、服装の自由さを挙げていた。ファッション雑誌などで、「ロンドンに来るならこんな服」みたいな特集を組んでいることがあるが、王室行事にでも招かれていない限り、全く無視しても構わない。

イギリスで服装を考えるうえで、気温よりも気をつけなければならないのは雨だ。イギリスは天気が悪いことで有名だが、年間の降水量でみると東京が1400ミリメートル強なのに対し、ロンドンは600ミリ強と圧倒的に少なく、日本のように土砂降りの雨が長く続くようなことはない。しかし、しとしと、じめじめと一日中降っていたり、晴れていると思ったのにいきなりどこからともなく雲が現れて、あっという間に土砂降りになったりと、常に雨への備えが欠かせない。

大洋に浮かぶ島国であることは日本と同じだが、イギリスのグレートブリテン島は平べったい島で、日本のように「山脈に雲の流れがいったん遮られて」ということもなく、まるで海の上のように上空をびゅんびゅんと雲が流れていく。風の向き、天気が変わる方向も一定せず、天気予報は当てにはならない。

となると、服装も濡れても構わないという点を重視することになる。特に学校の迎えでは、しばらく校庭で待っていないとならないので、必然的にフードつきのジャンパーやコート、ウィンドブレーカー、靴も汚れが目立たないスニーカーや長靴、乗馬靴のようなブーツを履くことになる。なお、イギリスの安物の靴の防水性は極めてお粗末で、たまに激しい雨が降るとあっという間に浸水してしまう。

色彩的にもイタリアやフランスに比べ地味である。曇り空が多く、周囲の建物もくすんだ赤か黒っぽい煉瓦でできているので、派手な色は浮いてしまう。帽子やマフラー、アクセサリーなども「とりあえず、大きいのをつけてみました」という感じで洗練された印象はない。

ところが、ひとたびパーティーや夜遊びに出かける段になると、突然とんでもなく派手な格好をしだすのがイギリス人だ。ギラギラとした赤や黄や青の原色のドレスや、露出狂じゃないかと思われるような短い丈のスカート、アラビア人も真っ青のジャラジャラと光り物のアクセサリーを身につけた女性が、週末の街を大勢闊歩している。パーティーでは高いハイヒールを履くのが習慣らしいが、履きなれていないのか、体重にヒールが耐えられないのか、よたよたとアヒルのように歩いている方も珍しくない。

60年代のモッズやサイケ、70年代のパンクなど、世界的にロンドンらしいとされているファッションは、極端にカラフルだったり、過激だったりで、地味で無頓着な日常の服装との連続性がなく、いかにも突発的な感じがする。

イギリスの日常生活は単調である。長いこと先進国を続けているだけあって、社会秩序もそれなりに整い、生活に困窮することもないが、一方で目まぐるしい変化や高揚感があるわけではない。普通に生まれたら、近所の学校に行って、親と似たような職業について、結婚して、子供を育てて、というのが何となく見えている。

しかし、普段はじっとしていても、どこかで羽目を外したいと思うのが、人間というものだろう。イギリスのような気候、社会ではことのほか、そんな思いが強いのではないか。服装だけでなくお祭り、サッカー、音楽などいろいろな局面で感じることである。

半袖マンに袖無しレディー

イギリスの服装で是非とも指摘しておきたいことがもう一つある。それは、冬になっても極端に凄い薄着の人がいることだ。

イギリスのサッカー、プレミアリーグの中継などを日本で見ていると、「この寒さなのに半袖でプレーしている選手がいますね。信じられません」などと言っているが、冬にしばらく現地に滞在して観察してみれば、それほど珍しくないことはすぐ分かる。

特にイングランドの北中部、マンチェスターとかバーミンガムのあたりは、寒さに強いのがマッチョでかっこいいという風潮が強いらしい。そこまで行かずロンドン近郊でも、コートをまとったガールフレンドか奥さんらしき女性を連れた、Tシャツ、筋肉ムキムキの「半袖マン」が、誇らしげにハイストリート（イギリスではメインストリートのこと）を闊歩しているのに出会えるだろう。小学校で「冬でも半ズボン」を自慢していた男の子を思いだしてもらえば間違いない。

レストランなどもあまり暖房が効いていないことが多い。良い席だということで、窓際に案内されると、食事中も寒くて凍えることになる。丁重にお断りして、できるだけ窓から離れた場所に座ることをお勧めする。

「半袖マン」だけでなく、「袖無しレディー」も現れる。こちらは、パーティーか夜遊び用の透け透けルックのまま、上着を着ずに冬空の下を歩いている。「袖無しレディー」がみぞれが舞う中、パブの外で「半袖マン」と一緒に平然とタバコを吸っている姿はロンドンの冬の風物詩だ（今やパブも当然、禁煙）。

これとは別に、十分に脂肪を蓄えているせいか、あまり、寒さを感じないのではないかと思われる「袖無しレディー」もいる。ホールスクールの先生、ミス・ミラーもその一人。真冬でも半袖で、子供たちを学校から送りだしている。迎えのお母さんの中にもポツポツ「袖無しレディー」を見かけた。

なお、イギリスではいまだに年齢に関係なく、未婚の女性にミス（Miss）という肩書きを使っている。ミス・ミラーもそれなりのお歳である。もちろん結婚していればミセス（Mrs.）だ。男女平等の観点からアメリカのように既婚・未婚に関係なく女性に使える肩書きのミズ（Ms.）がイギリスでも普通だと思い込んでいたので、初めはびっくりした。フランス語でもマダム（Madame）とマドモワゼル（Mademoiselle）で同様な区別をしているが、現在、マドモワゼルは未成年の女の子に使うだけで、年輩の未婚女性には使わない。英国はフェミニズムの発祥地であるが、それよりも言葉の伝統を守るという意識のほうが高いのだろうか。

英語が通じる国だから

娘の宿題を手伝っている時、娘が素っ頓狂な声を出して「イギリスってヨーロッパだったの。知らなかった」と言いだしたことがあった。確かにイギリスは欧州連合（EU）の一員ではあるが、欧州大陸の多くの国のように公共施設の前に国旗とEU旗が並んで翻っているという風景はほとんど見たことがない（かつて住んでいたスイスは非加盟なので当然なかった）。学校の歴史の授業も、欧州の一員としてのイギリスより、イギリス独自の歴史に重点が置かれているようだった。2016年6月の国民投票でEU離脱が決まってしまったが、その下地は十分に感じられた。

イギリスは風俗、習慣、歴史、文化などすべての面において、「欧州」で特殊な存在のように思える。イギリスを中心に欧州を論じる時は、これを十分踏まえたうえでないと何か妙なことになる。一方、レディー・ファーストなど、欧州全体に共通することが、あたかもイギリスだけの現象のように語られているのを聞くと、これも奇異な感じがする。

様々なきっかけで多くの日本人がイギリスに住んだり、旅行したりしているが、その理由の半分以上は英語を話す国だからであろう。どうして英語かというと、それは世界的な覇権を握るアメリカ合衆国の公用語で、実質的な世界共通語であるからだ。現在のイギリスとの直接の関連性はかなり薄い。

欧州では英語を母語とする国はイギリスとアイルランド（第一公用語はアイルランド語だが、使用地域はごく一部）だけで、大陸諸国の多くは必ずしも英語の支配的地位を喜んでいるわけではない。もちろん、イギリスが好きで英語を話しているわけでもない。学生時代の第一外国語がフランス語の私にとっては、フランス語が通じないイギリスで暮らすのはスイスのフランス語圏よりもストレスが大きかったが、第一外国語を英語とする多くの日本人はイギリス・アイルランド以外の欧州諸国で暮らせば、より強いストレスを感じるだろう。言葉の点でイギリスと他の欧州諸国との公平な比較は難しいのだ。

また、イギリスという社会は、外国の文化に開放的であるが、だからといって外国の文化、特に英語圏以外の文化への関心が高いわけではない。イギリスに留学していた明治時代の小説家、夏目漱石の博物館（2016年秋閉館）が、当家から遠くないクラッパム・コモン（Clapham Common）にあったが、職員の方に話を聞くと「イギリスにあるのに、日本人以外で訪れる外国人はフランス人ばかりです」と言っていた。

アニメをはじめとする日本のサブカルチャーも、フランス、イタリアでの浸透度に比べ、イギリスでは今一つの印象がある。よほどの話題作でない限り翻訳文学を街の本屋で探すのは難しく、英語圏以外の映画が一般上映されることも少ない。欧州大陸の各国でヒットしている英語以外の曲を街中で聞く機会もまずない。一種の英語中心主義の文化に生きているイギリス人にとって、アメリカや旧大英帝国の国々に比べて、英語を話さない欧州諸国は遠い存在に感じられるのかもしれない。

なお、昔は英語を話さないことを誇りにしていたフランス人だが、最近はずいぶん変わってきたようだ。特にロンドンに住んでいるフランス人は英語を話せるのが自慢なようで、フランス語で話しかけても英語で返事が返ってくることが多かった。そんな時は、フランスで通訳のバイトをしていた友人が「下手な英語を話したがるビジネスマンのフランス人が多くなって困っている」と嘆いていたのを思いだしたものだ。なお、ロンドンのフランス料理店ではもちろんフランス語は通じない。

ウィンブルドンテニスの観戦作法

知り合いが近くに住んでいたことや、娘の学校の都合でたまたまウィンブルドンに住むことになったが、私も家族も特にテニスファンではない。それでも、ウィンブルドンでスポーツ観戦といえばやはりテニス。会場まで遠くはないので、何度か娘を全英選手権（いわゆるウィンブルドンテニス）に連れて行った。本当に好きな人は子供を朝学校に連れて行ってから列に並んで入場、一度退場して子供を迎えに行ってから、再入場というようなことをやっていたが、私はテニスの試合を見に行くというより、会場の雰囲気を楽しみに行くのが目的だったので、そこまで気合は入れなかった。

入場券は郵便で申し込む方法もあるが、これは抽選でなかなか当たらない。そうなると、一般的なのは午後5時から割引となるグラウンドチケットを買うパターンだ。学校に娘を

ウィンブルドンのセンターコート

迎えに行ってから、4時半ぐらいに列に並べば1時間程度で入場できる。

また、ネットでも次の日の切符を一部販売していて、発売開始時間にパソコンの前に張りつくことができる人（たとえばかつての私のような専業主夫）には購入の可能性がある（その方法でローリング・ストーンズやアデルのチケットも買えた）。

運よくネット販売でセンターコートのチケットを入手したので、娘には学校を休ませて連れて行ったことがある。しかし、初めてのセンターコートなのにじきに飽きて、アイスクリームが食べたいなどと言いだす。豚に真珠とはよく言ったものである。帰国前年には3回目の挑戦で抽選のチケットが当たった。センターコートでの女子決勝だったが、2枚だけだったので、妻と娘に行ってもらった。

グラウンドチケットでお目当ての選手が見たければ、素早く試合のあるコートを見つけて陣取るしかない。ただ、トイレのためであっても、一度離席したらその席は確保できないきまりだ。2013年、まだ人気がブレークする前の錦織圭《にしこりけい》選手の試合を娘と見ていた時のこと。日本から来ていたとみられる男性ファンは係員の説明を聞いて絶句、あきらめて自分の元の席に戻っていった。結局かなり長い試合になったが、この男性が無事に錦織選手の勝利の瞬間を目撃できたのか、確かめられなかったのが悔やまれる。

ウィンブルドンでは行列（キュー）そのものが名物になっていて、並ぶ人の便のために立派なパンフレットまで配布される。他の4大テニストーナメントのチケットは基本的にはほとんどがネット販売で、ウィンブルドンは時代遅れといった批判もあるらしいが、苦労すれば平等に報われるというのもイギリス的な精神なのだろう。割り込んで注意されるのは外国人、特にフランス人が多いという話もあるが、これについては確かなことは言えない。

なお、列に並ぶ場合、イギリスのアンディー・マリー選手が出る日は、特別に混むので避けたほうがいい。また、本選の1週間前には、近くのローハンプトンにあるイギリス銀行スポーツグラウンドで予選が行われていて、こちらはただでゆっくり見物できる。

ウィンブルドンテニスでの名物といえば、イチゴミルクとシャンペンだが、しっかりとしたお値段なので一度試してみれば十分。お土産もいろいろあるが、ウィンブルドン公式ブランドの水筒はあっという間に水が漏れるようになった。欧州では普通のことではある。

スイスに住んでいた時、娘のためにアヒルのビニール製のおもちゃを二つ買って風呂に浮かべたところ、一つは横倒しとなり、もう一つは沈んでしまって啞然とした。それ以来、欧州でどんな不良品をつかまされても、心の平静を保てるようになった。自分の人間としての成長を感じるひと時だ。

持ち前の冷静さはどこへ

人見知りが激しい以外のイギリス人の特徴としては、物事に動じずパニックを起こさない冷静な性格が挙げられることがある。確かに第2次世界大戦中のナチスドイツの空襲、最近では2005年の地下鉄テロなど社会を揺るがすような大事件の中でも普段と変わらぬ日常生活を続けたことは広く世界中に知られている。

ただ、そんな社会も煽られればパニックには弱い。2012年春、ガソリンを運ぶタンクローリーの組合がストの可能性をちらつかせたことがあった。これに対抗して閣僚らが「タンクを満タンにして、家庭でも携帯容器にガソリンを備蓄するように」と呼びかけた

国民投票の結果を喜ぶEU離脱派の人たち（写真・ロイター＝共同）

ところ、パニックを起こした国民が一斉に買い占めに走り、復活祭の休暇を控えたガソリンスタンドが閉鎖に追い込まれてしまった。

ＥＵ離脱の国民投票も、最後はロンドン市長だったボリス・ジョンソン氏らに煽られ、持ち前の冷静な姿勢を見失った結果のような気がする。ビザが切れてしまい（移民制限政策で企業内異動のビザにも最長５年の制限が設定された）、投票日までロンドンにいられなかったのは残念だったが、残留を信じていただけに、離脱決定を知った時は本当に唖然とした。

投票傾向を大きく分けると、ＥＵ残留派は移民に接することが多いロンドンなど大都市の若年層。離脱支持は移民の少ない地方の大英帝国の復活の夢を見る高齢者で、たとえ移民が減少しても生活に変化はなさそうな人たちだ。イギリス社会の現実主義路線からはあり得ない結果だったが、物事には弾みというものがある。民族、国際関係、安全保障といったナショナリズムに結びつきやすい問題を国民投票にかけてしまったキャメロン前首相は、イギリス史上最も愚かな政治家の一人として永遠に歴史に残ることになるだろう。

車掌のユーモア

ロンドン五輪が開かれた２０１２年は、エリザベス女王即位60周年の式典、ジュビリーの年でもあった。１００年ぶりともいわれる異常気象の寒い夏にもかかわらず、イギリス中で様々な行事が催され、妙に華やいだ雰囲気だった。

そんな、ジュビリーの記念式典が繰り広げられていたある日、ロンドン南部、クロイドンにある日本語補習校の近くのパブでお茶を飲んでいたところ、エリザベス女王のお面をつけた一人を含む一団がドヤドヤと大騒ぎしながら入ってきて何やら踊り出した。日本であれば不敬罪（現在はないはずなのだが）だと騒がれたり、右翼に襲撃されたりと大変なことになりそうだが、そんなきわどい悪ふざけを普通に受け入れるのがイギリス社会の懐の深さである。ロンドンの観光地に行けば、いたるところで商品化された王室グッズを売っている。エリザベス女王の首振り人形を飾っている家庭も珍しくない。一時、日本でサルの名前に英国のロイヤル・ベビーと同じ名前をつけるのは不謹慎といった議論が起こったが、誓ってもいいがイギリス王室はそんなことは気にしない。なにしろ、ブックメイカーと呼ばれる賭け屋ではロイヤル・ベビーの名前まで賭けの対象にしてしまうお国柄である。

しばしば、日本の皇室と、イギリスの王室が比較されるが、根本的に違う点が一つある。それは、イギリスの社会は、現在の王や女王が気に食わなければ他の人に代えても構わないと思っているし、場合によっては王や女王がいなくてもいいと考えていることだ。現在のイギリスの王室は人民の代表である議会が政治的に必要という理由でオランダやドイツから呼んできたのが起源で、もちろん敬意は表するがアンタッチャブルな存在ではない。イギリスとフランスは市民革命で王の首を切った社会で、現在の政権もその革命精神を引き継いでいる。当然、自らが作った社会への誇りは強く、民主主義や言論の自由に対する一貫した姿勢は、市民革命を経ていない他の国とは決定的に違いがあるようにも思える。

イギリス人は皮肉やユーモア好きでも知られる。ロンドンでは列車のダイヤの乱れで到着するホームが決まらず立ち往生、などということは珍しくない。もちろん、乗客はイライラしているのだが、車掌によっては「さあ、どこのホームに着くのでしょうか」などと、スポーツの実況中継のようなアナウンスを始めたりして、乗客も思わず笑いだしてしまう。

日本だったら、あっという間に、お叱りを受けてしまうところだ。

ユーモアというのは絶対的な価値を認めない精神にもつながり、こういった国民性が優れた現実感覚を生んだのだろう。第2次世界大戦を勝利に導いたチャーチル首相を、終戦直前の総選挙で下野させてしまうような芸当ができる国民はほかにはいない。

ただ、実現可能性のない公約を掲げて大衆を煽るイギリス独立党（UKIP）のファラージ氏のようなポピュリスト政治家が人気を集める情勢を見ると、こういった伝統も危うくなりつつあるようだ。二大政党の一角を担う労働党も、復古的な社会主義を掲げるコービン党首の誕生で、政権奪回は難しくなってしまった。議会制民主主義がその誕生の地で危機に瀕している現状は、世界全体を包む不穏な空気を象徴しているかのようだ。

第3章　子供を現地校に通わせてみた

日本とすっかり変わった生活

会社を辞め、イギリスで専業主夫となり、生活が以前とはすっかり変わったことを実感するのが、娘を学校に迎えに行く夕方のことだった。

プライマリー・スクール（小学校）3年生以上は、基本的に午後4時にお迎え。4時10分ぐらい前に、学校の近辺で駐車スペースを探し、学校の門をくぐる。お母さんたちが集まってくる。先に終わった低学年や、まだ赤ちゃんを連れたお母さんもいて、賑やかだ。顔見知りのイギリス人や日本人、その他諸々の国から来たお母さんや、お父さんと挨拶を交わしながら、校門から続くなだらかに曲がった階段を上っていく。舗装されたグラウンドの周辺のスペースで、担任の先生に率いられて娘が上の建物から降りてくるのを待つ。

春から夏にかけては日が長い。今さっき上ってきた階段の脇には、レベル（level、平坦な土地という意味）と名付けられた芝生の遊び場が整備されている。フィールドアスレチックのような遊具もあって、放課後は自由に遊べるようになっている。すっかり学校生活に馴染んだ娘は、暇さえあればこのレベルでクラスメートと遊びたがった。

本当はすぐにでも帰りたいのだが、それを正当化する理由もない。夕食の準備にはまだ間があるし、特別の用事もない。しぶしぶ、ほかのお母さん方と申し合わせて「今日は15

分」「30分ね」などと約束させると、レベルの脇のベンチに座ったり、手すりにもたれかかったりして、時間が過ぎるのを待つ。

再び、顔見知りのお母さんたちと挨拶や短い会話を交わす。しかし、話題はすぐに尽き、ふと気づくと周りには話す相手が誰もいなくなる。少し離れたところではいくつかのグループができて、話が盛り上がっているようだが、どうも輪に入っていける雰囲気ではない。

迎えの際に子供が遊び終わるのを待つ大人たち（ホールスクール）

仕方なくポツンと一人ぼんやりと、レベルで遊んでいる子供たちや空を眺めている。晴れて暖かいと気持ちがいいが、往々にして雨交じりの冷たい風が吹いて、うっかり薄着で家から出てくると体の芯まで冷えてくる。5分、10分、時間が経つのがいやに遅い。娘の友達のお母さんたちは話に夢中で、時間は気にならないようだ。

「こんなことになるなら、雨乞いでもしてやればよかった、そうすればこんなところで立ちんぼをしなくてもよかったのに」などとも考えたりするが、本当に雨になったら、ただでさえ天気が悪いロンドンで、ますます気が滅入ることになりそうだし、「そもそも、雨乞いなどやっても本当に雨が降るものだろうか。もし、雨を降らせることができたなら、雨乞いの仕事ができるのではないか」などと、つまらない考えばかり、浮かんでくる。

そうこうしているうちに、ようやく、話に一区切りついたのか、お母さんたちは、子供の名前を呼び、帰り支度を始める。まだ遊び足りなそうな娘もさすがにあきらめて、帰ることになる。気がつくと、1時間近く過ぎていることも往々にあった。

内勤の会社員をしている時は、次長という中間管理職で、上からは文句を言われ、下からは突き上げられ、常に何やらかんやら仕事に追われていた。しかし、ここでは、私に家に連れて帰ってもらわねばならない娘以外、私に用事がある人間は誰もいないのである。

日本の職場では日本の中年男性（おじさん）に囲まれて1日の大半を過ごしてきたが、ここにいるのはほとんどがイギリス人の親子で、日本人は母子の組み合わせがほとんどだ。日本人の中年男性などまず見かけない。たまに用事でロンドンの街に出て、日本人のおじさんが背広を着て歩いているのを見ると、自分の仲間に会ったような、妙に懐かしい感じがしたものだ。

筆者の子女を通わせたホールスクール・ウィンブルドン（中学部のダウンズ）校舎

お母さん方とのおつきあいも勝手が違う

当初はロンドンの西、アクトンにある日本人学校に娘を通わせ、様子を見てから現地校へ、などと考えていた。ところが、妻がロンドンに住む知人に相談したところ、「せっかくロンドンに来たのにもったいない」と説得され方針を変更。直接、現地校に行くことになった。

8歳だった娘が通うことになったホールスクール・ウィンブルドンは私立の共学校。各学年40人程度の小規模校で、外国の生徒を積極的に受け入れているので、日本人も多い。日本でいえば幼稚園の年長組から、高校2年まで。ただし、校舎はプライマリーの小学部（ジュニア）ビーバーズ・ホルト（Beavers Holt）とセカンダリーの中学部（シニア）ダウンズ（Downs）に分かれている。

娘が通い始めたジュニアのビーバーズ・ホルトは、ウィンブルドンといってもかなり北に外れたパトニー・ヴェイル（Putney Vale）という地区にある。最寄りの駅からはバスを利用するしかなく、バス停からもやや距離がある。スクールバスの送迎サービスもあるが料金が結構高いうえ、スクールバスの発着場までの送り迎えも発生してしまうので、ほとんどの家庭が自家用車を利用して子供を送迎していた。

基本的に午後4時に学校は終わり、課外クラブも選択できるがそれも午後5時で終了。この時間に、日常的に学校に送り迎えに来られるのは、専業主婦（主夫）かパートタイムで働いている人がほとんど。例外は、共働きの家庭やお金持ちに雇われているお迎えのナニー（お手伝いさん）ぐらいだ。というわけなので夕方のお迎えも、何とものんびり、ゆったりした雰囲気が漂っている。専業主夫をやっている私のほうも、それほど急いでいるわけでもないので、娘に「レベル（運動場）で友達と遊びたい」と言われたら、どうしても断る理由はない。

娘は生まれて6カ月後に、妻とともにすでに私が赴任していたジュネーブにやってきた。妻は東京からの転勤という形で、そのままジュネーブの支社で働き始めたので、個人保育所をやっているシドレーさんというおばさんのお宅や、公立の保育園（クレッシュ）への送り迎えは、娘が1歳の時から妻と分担してやっていた。東京に戻ってからも保育園への送迎、さらに小学校に上がってからは学童保育への迎えは、職場のローテーションの合間を縫っておおむね私が請け負っていた。したがって、送り迎えでのお母さん方とのおつきあいという意味では、国内外を含め結構な経験があったし、それなりの自信はあったのだが、これを専業主夫の立場でやるとなると想像以上に勝手が違った。

保育園や学童保育では、夫婦でフルタイムの共働きをしているのが前提で、迎えにくる父母もそれぞれかなり忙しい。朝は出勤途中、帰りは夕飯の支度を控え、時間ぎりぎりに駆けつける場面も珍しくない。子供を引き取り、先生と必要な連絡だけすると、家路を急がなくてはならない。ほかのお母さんとのおつきあいも必然的に、短時間のものに限られていた。しかし、今回はお互い十分な時間があるうえ、日本人ばかりではなく、イギリス人やその他の外国人のお母さんが相手だ。思った通りに行くはずもない。

会話が弾んだと思ったのに

転校してきた当初は、それでも自己紹介を兼ねて多少、会話が弾むこともあった。

「通信社の記者を辞めて、いわゆるハウスハズバンド（専業主夫）をしています」

「それは素晴らしいわね。それで、どんな記事を書いていたの」
「経済関係が多かったんだけど、ジュネーブでは国連機関なんかの取材もしていました」
「面白いわね」
と、だいたいこれで終わってしまう。あとは天気や長期休暇の話だが、これも単発であっという間にネタが尽きる。その後は、一瞬の笑顔と、簡単な挨拶だけでのコミュニケーションとなる。

イギリスの地元校で、子供を迎えにくるのは当然、イギリスのお母さんが大半である。その中で私は日本人で男性。さらに付け加えれば、一人娘は私が40歳の時に生まれた子なので、娘の同級生の父母の中で年齢は高いほう。外国人、異性、年寄りと、集団から外れる条件が三つもそろっていると、なかなか入りこむのは難しい。

ちょっと想像してみれば分かるように、たとえ日本であっても、お母さん方のおしゃべりに、お父さんが入っていくのは簡単ではない。どうしても必要でない限り、好きこのんでやりたいものではないのだ。

まず、男女では一般的に興味を持っている分野が違う。ファッションやスイーツ、お化粧、ショッピング、テレビドラマなどの話題をされてもなかなかついていけない。旦那さんの悪口も、男性の前じゃしにくいだろうし、生物学的に女性ならではのお話はなおさらである。

また、おしゃべりというのは、共通の知り合いのうわさ話が大半を占めるといわれる。新参者がただでさえ入りにくいのに、ましてや英語だ。

私はとりたてて英語が得意というわけではないが、普通の仕事をこなす程度のことはできる。しかし、これがネイティブスピーカーの、中年女性（おばさん）の会話となると、もうお手上げである。特に興奮して話しまくられたり、気の利きすぎたジョークを言われたりすると、ぽかんとしているしかない（またこれが、イギリス人はジョークが大好きなのである）。もちろん相手方も、ネイティブおばさん同士のマシンガントークを東洋人の男が理解できないことはすぐに分かってくるので、会話の輪から自然と遠ざけられてしまう。特に会合などで、イギリス人のお母さんに挟まれてしまうと、皆が私を避けるように身を乗り出して話すようになり、自分が邪魔な存在であることが身に染みてくる。いたたまれなくなって、いずこともなくこっそり消えていくのが常であった。

こんな風に、よく娘が一緒に遊んでいるイギリス人の子供の、お母さんたちが話に興じている間に、ぼんやりと、世の無常を感じながら、ポツンと待つ生活を続けるのはなかなかつらいものであった。

終わった今では懐かしい思い出であるが、「こんなつらい目に耐えている私は可哀そう」

と自己陶酔をしてみたり、「いつか苦労も実を結ぶ。何ごとも経験」などと精神修養の場と割り切ってみたり、と心の持ちようを工夫しないとやりきれない感じだった。

そして、日本のお母さん方

ホールスクールにはビーバーズ・ホルトだけでも30人前後の日本人児童が、常時在籍していた。娘の学年は日本人が少ないほうだったが、それでも当初は三～四人、その後も最低一人は日本人の同級生がいた。

当然、その中で一つの社会が形成されていて、しっかりとした名簿などもあるのだが、ここは結局、私とはあまり縁のない世界になってしまった。

ロンドン郊外の私立小学校に子供を通わせている日本人は、ほとんどが企業の駐在員の家庭である。英国人と結婚して地元に永住する予定の家庭はほんの数えるほどだ。

もちろん、ロンドンに駐在員を送るぐらいだから銀行、商社、メーカー等々、その会社名を聞けば誰でも分かるような大企業である。そういった大企業の社員の奥さんは、結婚や出産と同時に家庭に入って、日本でも長く専業主婦だった方が多い。

そういう方々の集団にとっては、毎日、学校に現れる中年男性ははっきりいって異様でうさんくさい存在である。それもイギリス人ならまだしも日本人となれば、これはもう限りなく浮いている。

それでも、当初は世話好きな方がいて、いろいろと人を紹介していただき、ある程度、顔見知りは増えた。しかし、それ以上の進展はない。いつまでたっても軽いご挨拶、雑談をする程度の間柄にとどまってしまった。

もちろん、娘の同級生がいるお母さんとは、送り迎えや、子供を遊ばせるために相談をすることもあった。情報交換や、送迎の互助みたいなこともやっていた。しかし、他の兄弟の面倒を見たり、習い事やスポーツクラブの送り迎えをしたりなど忙しいようで、ゆっくり話すというような機会は少なかった。

私は中年から初老の域にさしかかっているし、特に見栄えが良くも、容貌怪異ということもない普通の外見をしていると自分では思っているが、それでも変に警戒された向きもあったかもしれない。女性の集団に自分のほうから積極的に声をかけたり、誘われもしないのに話に突然入ったりするのも何か変だし、失礼だし、という感じで、時間だけは過ぎていき、とうとう娘は送り迎えの必要なプライマリーは卒業してしまい……という次第となってしまった。

しかし、私は日本人のお母さんの間では有名人であった。ひょんなことから韓国料理を習うことになり、近所の日本人のお母さん方と一緒になった。その際、私のほうでは初対面だと思っていた人、数名から「いつぞや街でお見かけしました」「(娘が一時通っていた)英語学校の送迎で拝見しました」とか言われてびっくりした。東洋人がそれほど多くないロンドンの郊外で、娘連れの日本人の中年男は目立つということなのだろう。見知らぬ女性から顔だけは知られている、というのは、裏返せば、近所で悪いことはできないということだ。品行方正な暮らしのためには、結構な環境だったのかもしれない。

伝統的な階級があった時代のほうが幸せ?

私立であるホールスクールの学費はインターナショナル・スクールよりは安いが、それでも年間1万ポンド(160万円)から1万4000ポンドとかなりの額。日本に帰って娘が通うことになった私立中学に比べると約3倍だ。

ロンドン郊外では公立でもいいプライマリー・スクール(小学校)は多いが、いいセカンダリー・スクール(中学校)は少ないとされる。貧しい移民が集まる地区の小学校は学力に問題がある生徒がどうしても多くなる一方で、裕福な層は高級住宅地に集まり、いわゆるいい小学校ができるという構図だ。ところが中学になると学区が広くなり、裕福な層の子供だけが集まる公立中学というのは成立しなくなる。すると家計に余裕がある層はこぞって子供を私立中学に入れる、という循環ができてしまったようだ。

一方、ホールスクールでは、外国人の子供は金融機関や大企業に勤めていかにも収入が高そうな感じの親が大半だが、イギリス人は結構、普通の労働者の家庭も多かった。娘の友達のお父さんも、配管工、大工といった職業だ。大学卒の事務職などと比べても、手に職を持った労働者の収入は悪くないようである。

欧州全体に言えることだが、「子供を大学まで行かせてホワイトカラーにしたい」といった思いは、イギリスを含めそれほど強くない。統計的にはイギリスの大学進学率は60％以上あって、日本の約45％よりも高いが、これは日本の専門学校にあたる教育機関まですべて大学に含んでいるためで、単純には比較できない。

イギリスはかつて、階級社会と言われたほど、労働者階級と非労働者階級が対立していて、昔は同じパブでも階級によって入り口も、飲む場所も違っていた。現在でもパブのドアにサルーンと書いてあることがあるが、これは中産階級専用だった時代の名残りである。ただ、現在は誰も気にしていない。そもそも、パブそのものが時代の波に取り残されて次々とつぶれている。

階級社会ができた背景として、それなりの収入を得ている労働者階級が、自分たちのアイデンティティーと誇りを示すため、ことさら階級を意識するような行動をとってきたという側面も指摘される。しかし、現在のイギリスでは、熟練の必要のない低賃金の職ばかりが増えて、過去の階級制度を支えた中間所得層が減り、富裕層と貧困層に二極化しているといわれる。伝統的な階級があった時代のほうが幸せだったという見方もあるのだ。

ちなみにイートン、ハローなどのいわゆる超有名ボーディング・スクール（私立の寄宿学校）に入ると学費その他もろもろで年間1000万円近くかかるとされる。かつては無料だった大学の学費（イギリスの大学は基本的に全て国立の扱い）は年9000ポンド（144万円）、外国人であればその3倍の2万7000ポンドまで引き上げられた。卒業後、一定以下の収入であれば返還する必要のない奨学金制度はあるというものの、こういった教育事情が、階級ではなく、収入での二極化を助長しているのは確かなようだ。

一味違った補習校の世界

娘はホールスクールのほかにもう一つの学校に通っていた。土曜日午前の日本語補習校である。ロンドンに来た当初は定員オーバーで入れず、10カ月待ってようやく入学できた。全く英語ができず、現地校の勉強についていくのが精一杯だった当時の娘にとっては、結果的に良かったかもしれない。

ロンドンの補習校は3カ所あるが、娘が通うことになったのはクロイドンの補習校。大ロンドン圏の南端にある街で、学校は街の郊外のセルスドン（Selsdon）にあるクロイド

補習校の授業はクロイドン・ハイスクールの校舎で行われた

ン・ハイスクールという女子校の校舎を借りて、授業を行っている。
　クロイドンは1959年にヒースローができるまでは、ロンドンの空の玄関口で、推理小説ファンならクロフツの『クロイドン発12時30分』でおなじみだろう。博物館などとして利用されているかつての空港ホールに行けば、当時の雰囲気を味わえる。スーパーモデルのケイト・モスの出身地としても有名で、時々地元のクラブに現れ、得意の騒動を起こしてはタブロイド紙をにぎわせている。また、移民管理局があり、この街で意地悪な係官に虐められた経験を持つ日本人も多いようだ。
　2011年のロンドン暴動では、被害が特にひどかった街として悪名をとどろかせてしまった。クロイドンの繁華街で放火された建物から火炎をバックに飛び降りる人物の写真は、暴動を象徴するものとして繰り返し使われている。

クロイドンの街の中心は立派に整備されたショッピングモールとなっていて、もちろん暴動の跡など全くない。しかし、少しそこから離れるとかなり荒れた感じになる。ロンドン郊外に点在するあまり裕福でない移民の街だ。昼間から通行人に声をかけて、何やら怪しげなものを売りつけようとしている男がいる。ウェスト・クロイドン駅の北、ロンドン・ストリートのあたりは、更地になったままの土地、再開発中の建物など、暴動の爪痕がまだ残っている。一般には品のいい町とは思われていないようで、クロイドンに引っ越すとイギリス人に話したら、「何でそんなところに住むんだ」と言われた知人もいる。

補習校は日本政府も運営に関与していて、日本の学校の国語授業をやってくれる。さすがに無料ではないが、入学金180ポンド（2万9000円）、授業料も年間180ポンドと、それほど高いわけではない。地元の女子校の校舎を借りているものの、授業の進め方や挨拶の習慣など、何から何まで日本の学校である。運動会まであって、玉入れや、大玉転がしなど、種目も純日本式だ。娘が6年生の時には運動会のボランティアをやったが、その計画の緻密なことといったら、マニュアルを見ただけで感動ものであった。

補習校は海外に暮らす日本人の子供に、日本語を習得させるのが目的なので、当初は日本から転勤してきた家庭の子供も多いのだろうと思っていたら、どうも様子が違う。クロイドンの補習校に来ているのは、ほとんどがイギリス人男性と、日本人女性の間のいわゆるハーフの子なのだ。当家のような両親とも日本人という子供の比率はかなり低い。親の転勤でイギリスに来て現地校に通っている子供たちは、ウィンブルドンの近くにあるJOBAという日本の塾のようなところで課外学習をしていることが、後になってから分かった。押っ取り刀で一度、見学に行ったが、まさしく日本の塾でびっくりした。確かにあれなら日本に帰ってもすぐになじめるだろう。ただ、「イギリスまで来て日本風の塾に通わせるのも……」と珍しく夫婦で意見が一致したので、補習校を続けることになった。

さて、補習校の子供の多くは母親が日本人とはいえ、イギリスの社会で生活しているので当然、日本語より英語が得意だ。遊び時間も英語を使わないようにとのお達しが出ているが、実際のところほとんどが英語だ。家庭内での言葉も学年が上がるにつれて英語になっていく。特に兄弟がいる場合、子供同士の会話はほとんど英語になってしまうようだ。こういったクラスの環境なので、日本から来た当初の娘は日本語の能力に関しては、他の子よりも明らかに高かった一方、英語ができなかったので、なかなか遊びの輪に入れなかった。

補習校の授業は9時半に始まり、12時15分まで。自宅からクロイドンまでは車で行きは

35分、帰りは昼時なので道路が混み、45分から1時間ぐらいかかってしまう。朝送った後いったん家に帰るのは時間的に厳しいので、土曜日のその間は学校で待機するが、比較的近くに住んでいる人を除きほとんどの保護者がこの時間、学校にいるため、自然とコミュニティーが発生する。

イギリス独自の学校用語

補習校で子供を送り迎えしているのは、ほとんどが日本人のお母さんである。イギリス人のお父さんは数こそ少ないもののそこそこいるが、私のような日本人のお父さん、それも専業主夫で毎週末送り迎えしているとなると、完全に希少種だ。それでも、現地校とは違いこちらではコミュニティーの中に何となく溶け込むことができた。

原因はいろいろ考えられるが、まずは補習校には日本の学校らしく、各種の当番や委員会があったことだろう。一番重要な当番は、ウオッチング当番だ。始業時と終業時に教師の手伝いをしたり、休み時間に遊んでいる児童を見張ったりする役割で、全員に年数回、まわってくる。その他、種々のお手伝いもあったが、当家は図書委員をやることになり、これも年に数回、当番を務めた。このほか、古本セール、運動会、カルタ大会などの行事があって、そこでは自然に会話が生まれることになる。

当番や行事の手伝いといっても、学校に子供を送りに行ってから、授業が終わるのを待つ土曜日の午前中だけ。もともとイギリスに知己がいない私にとっては、知り合いが増える貴重な機会であった。

東京で娘は台東区立のわりと有名な公立小学校に通っていた。PTA活動が盛んなのは結構だが、活動への参加が半強制的で共働きの家庭にとってはかなりの負担であった。PTAの当番や役員を、親の介護があっても免除されなかったとか、勤めを辞めざるを得なかったとか、極端な話も聞いたことがある。退職およびロンドン転居を決断した理由の一つに、日本の小学校のPTAの問題がなかったとは言えない。

一方、ホールスクールでは親が主体的に参加する行事というのはなく、ましてやPTAのような組織もない。昼間に勤めのある忙しい人にとっては都合がいいが、自分の子供と関連がある特定の人以外とは、きっかけがつかめず、なかなかつながりができないという側面もあった。校長とのコーヒーモーニングという会合や、担任および各教科担当教師とのクラス懇談会というのはあるが、それはあくまでも学校側と保護者という会合だ。

もちろん、イギリスでも学校によって違いがあるようで、公立校の低学年では遠足のお供やバザーなど、それなりに動員がかかるという。ただ、PTAがある学校でも、ボランティアで好きな人が活動しているという感じが多いようだ。

ここで、よく外国人を混乱させるイギリス独自の学校用語を紹介しておこう。私立学校は private school、または国から独立したという意味で independent school と呼ばれるが、公立の学校は state school というあまり馴染みのない言い方をする。普通に訳して public school にすると、映画『炎のランナー』の世界のような、良家の子弟の行く寄宿制の超エリート校になってしまう。

かつて貴族階級は子弟に家庭教師をつけるのが普通だったので、貴族ではないその他の人々も入れる学校という意味で public とつけられたという。会員制ではなく金さえ払えば誰でも入れるというイギリス式の居酒屋、パブの public house と命名の発想は同じだ。

入学試験に受かって、金さえ払えば入学できるとはいうが、先にも触れたようにそもそも庶民には払えないような学費である。2013年には、パブリックスクールの平均の学費が2万7600ポンドとなって、勤労者の平均所得2万6500ポンドを上回ったとして、話題になっていた。それだけ払えば、パブでビールをどれだけ飲めることか。

また、イギリスでの high school は必ずしも高校を意味しない。アメリカから入った言葉らしく、はっきりした定義もなく何となく校名についている。幼稚園から高校まで一貫教育の high school もあるので、high school に通う幼稚園児もいる。このほか、就学前の児童が通う学校付きの幼稚園をレセプション（reception）と呼んでいる。普通の「受け付け」も同じくレセプションと呼ばれていて紛らわしい。

補習校では約3時間の待ち時間を利用して、公式の学校行事以外に、自主的な様々な商業、文化活動が行われていた。イギリス人と結婚して、日本人があまりいないロンドン郊外の田舎町に住んでいる方にとって、補習校は交際の輪を広げて、日本語を話したり、日本の情報に触れたりする貴重な場となっているのだ。

日本の食材だけでなく弁当やお菓子を作って販売している人（施設利用の関係で途中から中止になったが）、近所の施設を借りた料理教室や美容室まで開いている人もいた。何やら、怪しげな商売の勧誘をしているところにも出くわしたことがある（後で問題になっていないといいのだが）。私は、普段の運動不足の解消も兼ねて、ズンバというラテン式エアロビクスやピラティスという西洋式ヨガのクラスに参加していた。ほとんどが女性の中に男性が私のほか一人か二人という状況だったが、体を動かしていると気兼ねもだんだんなくなるものである。

「決して怪しいものではありません」

補習校の日本人社会に私が入って行きやすかった理由の二つ目として、妻がしばしば一緒に来ていたことも大きいと思う。妻は土曜勤務はなかったものの、特に用がないのに補習校に行っても4時間余り、ただ授業の終わりを待つだけなので、普段は私が一人で娘を連れて行けば済む。ただ、学校の当番が時々回ってくるし、ズンバやピラティスのクラスに参加したい、あるいはそのまま午後はどこか郊外に遊びにいこうとなると、妻も含め家族三人で補習校に出かけることが多くなった。

補習校で学校の当番をするのはほとんどが日本人のお母さんである。イギリス人のお父さんはおおむね日本語が達者ではないので当番をすることができず、先に書いたように補習校には日本人の父親を持つ子供はそもそも少ない。

そんななかで当番をしている日本人の中年男は、異質な存在であることは変わりないのだが、妻と一緒だと警戒心もそれなりに和らぐのか、会話の糸口も見つかりやすい。しばらくは、女性同士で勝手に盛り上がっているが、そのうち、ポツンと脇に立っている私にも声がかかる。

「偉いですね。いつもご夫婦でいらっしゃっていて」

「いいえ、偉いなんてことは全然なくて、実は私が家事や娘の面倒を見ていて、妻がシティー(ロンドンの中心地)まで通勤しているんです」

「えっ、凄い。私の知り合いのイギリス人でもそういう人がいますよ。でも、日本人じゃ珍しいですね」

というのが、大方のパターンだろうか。

それにしても、初めて話すお母さんに、いちいち会社を辞めた経緯や、現在の生活ぶりなどを説明するのはやはり面倒で、当初は聞かれるまであえて話さないこともあった。しかし、「こう見えても、決して怪しいものではございません」と早めに弁明しないと不審がられたり、「仕事が忙しいのに家事や育児を分担している立派な夫」という間違えた認識を与えたりするので、折を見て自分から切り出すことが多くなった。大きな説明書を前と後ろにサンドイッチマンのように下げておくか、誰でもすぐにボタン一つで説明が聞ける音声装置でも持ち歩きたい気分にもなったものだ。お葬式で故人の最期について何人もの参列者から尋ねられ辟易する遺族のようなものと思っていただければ、分かりやすいだろう。

会社員の時は、あまり名前が知られていない通信社（時事通信だが、自治通信とか事実通信とか、いろいろ間違えられる）だったとはいえ、名刺を出して簡単に挨拶すればそれなりに相手も信用してくれた。しかし、学校でのお母さん方とのつきあいでは、まずは不審者でないことの説明から始めなければならなかったのだ。

しかし、一度、「(見かけに比べてそれほどは) 怪しいものではない」と分かると、妻と一緒でなくても、話しかけてくれる人が多くなる。数人でお茶を飲みましょうなどと、誘ってくれることまであった。ホールスクールでの日本人お母さんとの間ではまずなかったことである。

ここで、ホールスクールの日本人のお母さんと、補習校の日本人のお母さんでは、ロンドンに来ている経緯がそもそも違うことに改めて気がつくことになった。

先にも少し書いたが、ホールスクールのお母さんは、ほとんどが、日本の大企業の駐在員の妻で、会社の婦人会のようなものがあったり、連れだって趣味の教室に通ったりと、日本の社会をそのまま、ロンドン郊外に持ち込んでいる。もちろん、ある程度の学歴を持った、ある程度の家庭でお生まれになった方が多く、かなり均質な世界だ。イギリスでは配偶者ビザで就労ができるのだが、小さな子供がいる場合は相当難しく、さらに企業によっては配偶者の就労を制限しているケースも結構あるようで、ほとんどの方が専業主婦である。

一方、イギリス人と結婚してロンドンに住んでいるお母さんたちの経歴は極めて多彩である。日本でイギリス人と知り合って結婚してイギリスに来たという人もいるが、単身でイギリスやヨーロッパに来て働いたり、勉強したりしているうちに、イギリス人と結婚して定住したという人も多い。長い職歴を持った人が多いだけでなく、自分で商売を始めているようなパワフルな人も見受けられた。いずれにせよ、イギリス人と結婚、またはイギリスでの定住を決めた時点で、普通の日本の社会からは、はみ出してしまっている。

日本の企業を退職して妻の転勤でロンドンに来て専業主夫をやっている私も当然、普通の日本の社会からはみ出してしまった存在だ。はみ出したもの同士、そこには、自ずと寛容の精神があり、「来るものは拒まず、去る者は追わず」とよそ者や、新参者にもなじみやすい、開かれた社会になっているようであった。

もちろん、こういった疑似日本人社会そのものが嫌いで、子供を仕方なく補習校に連れてきて、待ち時間はどこかにこもって本を読んでいるような方もいたが、それもそれで許されるのが、外国人として異国で生きていることの良さといえるだろう。補習校とはいえ、学校につきものの様々なトラブルも発生していたようだが、受験社会から離れた異国のことなので、日本ほど深刻なことにはならなかったようだ。

お父さん同士でも、ひょんなことから話し始めて、どういうわけかウマが合って友達づきあいをするようになったティムさんをはじめ、ズンバや運動会のボランティアなどで知り合った方々に顔見知りが増えた。ネットワークの構築という意味では、引きこもりがちな主夫稼業をしている私にとっても、貴重な場であった。

ただ、これはあくまでクロイドン補習校の話。アクトンの補習校は日本人学校内にあり、駐在員家族が多いので、ずいぶん雰囲気も違うということだ。

あっという間に娘に先を越された英語

学校での勉強で何よりも重要なのは言葉だ。イギリスに来た当時、娘は全く英語を話せなかった。イギリス行きを決めてから、日本でも多少は勉強させたつもりだったが、気が乗らないのか、ほとんど効果はなかった。

娘は日本で生まれてすぐに、フランス語圏のスイス、ジュネーブに移り、3年余りを過ごしている。スイスでは保育おばさんに預かってもらったり、地元の保育園に通ったりしていて、自然にフランス語を話すようになった。ただ、日本に帰って数カ月で跡形もなく忘れてしまった。

ロンドンに転居したのは娘が8歳、小学3年生の時である。外国語を自然に覚えるのは、小学校の高学年ぐらいになるとだんだん難しくなるというのは聞いていたものの、まだ大丈夫だろうと現地の学校に送り出した。スイスでの経験もあって外国語には慣れているはずだし、とあまり心配せずに見ていたが、なかなか話せるようにならない。

当初は日本人の同級生に頼っていたが、どうしても「英語ができる、できない」という上下関係になってしまい、必ずしもうまく機能しないようだった。

そんなわけで、英語で誰に何を聞かれても娘は「yes」としか答えなかったらしい。そのせいか、丁寧な言葉遣いの礼儀正しい子だと誉められたことさえあった。

ホールスクールでは英語力が足りない外国からの生徒を対象にＥＡＬ（English as foreign language）という特別授業が週2回程度あり、追加の授業料はかかるものの丁寧に一対一で、英語を教えてくれた（同様の制度がかつては公立校にもあったようだが、現在は予算削減のためなくなっている）。夏休みはウィンブルドンの駅前にある英語学校にも通わせてみたし、家ではＮＨＫの「基礎英語」などをインターネットで聞かせてみたりもした。それでも、１年半ぐらいは上達は遅々たるものだった。

ところがある一定の段階を越えると、目をみはるように日に日に上手になっていく。脳の臨界点に達するまで詰め込んだ英語が、一斉に外に飛び出してきた感じだ。友達の家に泊まりに行ったりすると一日中しゃべっているという話だし、英語の本も勝手に読み始めるようになる。こうなると、立場は逆転する。

妻は英語の専門家だし、私も英語ができないわけではない。しかし、あくまでもある程度の年齢になってから、日本の学校教育の中で習った英語なので、ネイティブに早口で話されると簡単な内容でも聞き取れないことがままある。第2章で触れたスコットランド人のロビンさんの例など典型だ。

さらに、イギリス人はもともと内気な性格のせいなのかモゴモゴした話し方の人が多いうえ、コックニーといわれるロンドンの下町なまりや、インドをはじめとする様々な国の癖がある英語が氾濫している。標準的ないわゆるクイーンズ・イングリッシュ、またはBBC英語ではっきり話す人はほとんどいない。店員さんや公共交通機関の職員が言っていることが分からなくて聞き返しても、同じ話し方で繰り返すだけなので、結局よく分からない、ということが起こる。特にチェーン店などで、決まり切ったことを壊れたテープレコーダーのように繰り返す場合は、全くお手上げだ。

英語で悩まされたのがいわゆるコールセンターの英語。一般企業だけでなく、公共機関のコールサービスも人件費削減のため、インドなどのコールセンターにかかるようになっている。英語を日常的に使っている人なのかもしれないが、残念ながら発音の癖が強く、時に本当に分からない。いわゆる土着のイギリス人からも「コールセンターの英語が聞き取れずに断念して電話を切った」という話を聞いたことがあるので、相当なまっていると思われる。見知らぬ人と英語で話す段になると、その人の英語がどのくらい聞き取りにくいか分からないので、どうしても不安を覚えてしまう。

私はフランス語が第一外国語で、スイスのフランス語圏、ジュネーブで4年間暮らしたが、対話の相手のフランス語が分からないという経験は、アフリカのセネガル出身の記者と、スポーツイベントの際に車に乗せてあげた地元の高校生の2例ぐらいしか思い出せない。フランス語については標準フランス語というものが厳としてあり、少なくとも普通の大人はそれに近いフランス語が話せる。一方、世界中で広範囲で話されている英語にははっきりした標準英語というのはなく、発音などの許容範囲が相当広いようだ。イギリス国内でも地域や社会階層によって相当、語彙や言い回しが違い、ロンドンの人が北イングランドに行って、話が全く通じなかったといった類の話は珍しくない。

しかし、娘はそういった癖のある発音でも聞き取ってしまう。そして、親の英語を馬鹿にするようになっていく。さすがに、複雑な文章の読解力はなく、文法も怪しいところもあるのだが（三人称単数が主語の時に、動詞の語尾にsをつけるというのがなかなか分からなかったりした）、普通の会話のレベルでは全く太刀打ちできなくなる。しかし、親の沽券に関わる重要な問題なので、特に外出先では私の発音・語彙などに余計な注釈は入れないよう、厳しく言いつけた。とは言うものの、現地にいる間は、なかなか言うことを聞かせるのは難しく、しばしば言い合いの種になったものだ。

私は、大学時代に意図的に英語を勉強せず（同時にやるとごっちゃになるとのアドバイスを自分に都合よく解釈した）、フランス語だけを使っていたためか、イギリスに来た当初は、日常会話の妙なところでつっかえたり、変な英語を話したりして、しばしば相手の目を白黒させてしまった。

まず、「she」(彼女)の複数形「they」が出てこずに、しどろもどろになったこと数度。フランス語は彼「il」には「ils」、彼女「elle」には「elles」と、それぞれ複数形があるので、英語もそうではないか、と思い始めるともう駄目である。「What time?」の代わりに「What o'clock?」というのも定番ミスで「あっ、またやっちまった」という感じ。フランス語の「Quelle heure?」が頭に浮かんだ時点でアウト。

結構、深刻なのは「his husband」(彼の夫)、「her wife」(彼女の妻)。フランス語の所有代名詞は、所有者の性別を表す機能はなく、修飾する名詞の文法的な性で変化するだけ。「mon mari」「ma femme」は「彼／彼女の夫」「彼／彼女の妻」の両方の解釈が可能だが、常識的に問題になることはないので、そのまま何となく英語に翻訳してしまうと、とんでもない間違いになってしまう。怪訝そうな顔をされて、間違いに気がついたものの、理由を説明し損ねてそのままになってしまったこともある。同性婚が認められたばかりのイギリスでもあるし、変な誤解をされたままでないといいのだが。

学校に教科書なし

英語が分かるようになり、娘もようやく学校の授業にもついていけるようになった。さて、その授業内容だが、日本とは違って課外授業や実習が多く、自主的な発言や参加が求められることが多いようだった。きちんと座って、先生の話を聞いて、知識を身につけるという授業ではない。

まず驚いたのが、教科書がないこと。イギリスにも一応、ナショナルカリキュラムという学習指導要領のようなものがあって、公立の学校はこれに沿った授業が行われることになっているが、私立には適用されない。従って、授業のカリキュラムには、学校ごとの独自性がかなり強く発揮される。ただ、進学の際に必要になるイレブンプラス、GCSE、Aレベルといった試験は全国共通なので、最終的にはこの試験に合わせた勉強をすることになる。

宿題は全くないという学校から、結構厳しい学校までいろいろあるようだ。ホールスクールでは原則、月曜日から木曜日までフリント（flint）という独自の名称をつけた宿題を出していた。これを踏まえ金曜日にフリントウォール（flint wall）というミニテストがあった。科目は英語、算数、理科、地理、フランス語、歴史、宗教となっていた。

当初は全く英語ができない娘のために、手取り足取り、脅したりすかしたりして、どうにか宿題の体裁を整えるため、毎日2時間程度を費やしていた。学校で聞いた授業の内容も分からないので、宿題の内容や断片的な娘の話を総合して、ネットや本で調べるのだが、基になる教科書がないのでこれも結構大変だった。

理科は特に論理的な思考を求める記述式が多く、そもそも英語力がないと手に負えない。固体、液体、気体の性質について理解するため、水を凍らせたり、蒸発させたり、さらには食塩などを溶かしたりする実験に関する宿題があった。正しい実験データを得るには比較する項目以外の温度、水の量、時間など他の条件を同一にする必要があるが、これについていろいろな角度から質問をしてくる。実験の結果より、その結果を得る過程のほうを重視するのが、イギリスの教育のようだ。

宿題はなかったが、哲学の授業もあって、娘は結構、気に入っていた。「ライオンに食べられるのと、ワニに食べられるのとどちらが嫌か」といった、ユニークな議題を与えられて、それについて議論するというようなことをやっていたらしい。議論が上手な（屁理屈の多い）国民性が作られていくわけである。

在英邦人向けのフリーペーパーのインタビューで、東ロンドンの現地校でイギリスの歴史を教えている日本人女性にお話を伺ったことがあるが、改めて日本の学校の授業を見る機会があって驚いたのが、寝ている生徒がいることだったという。イギリスでは双方向型の質疑応答や集団での討論などで、考えたり意見を出したりするのが基本なので、生徒が寝ていては授業が成立しない。試験も当然、記述式で議論の展開などを見る。採点が難しそうだが、しっかり全国的な基準があって、経験のある先生の間で相互にチェックすると、

「この内容ならこの点数」といった感じにおおむね集約されるそうである。

子供を医者に連れていくと

イギリスならではの授業というとやはり演劇（ドラマ）だろう。週にひとコマ、カリキュラムにしっかり組み込まれている。さすがシェークスピアの国だけあって、娘のクラスも5年生で「真夏の夜の夢」を演じた。もちろん、いろいろと子供向けに脚色してあるが、言い回しは中世の英語なので、保護者向けの発表会で聞いても、はっきり言ってよく分からない。そんな、難しいせりふを子供の頃から暗記して演じているのだから、シェークスピア、さらには現代劇、ミュージカルと舞台芸術が社会的にしっかり根づくはずである。能、歌舞伎のような伝統的な演劇と、現代劇の間に大きなギャップがある日本に比べ、シェークスピアが自然に現在につながっているイギリスはうらやましい限りである。

イギリスの学校では一般的なようだが、ホールスクールも教室から出て、実地の体験を重視したカリキュラムが多かった。博物館、美術館、公園、劇場、映画館など様々な場所に連れて行かれ、それに即した問題をやったり、宿題を出されたりしていた。中世初期のアングロサクソンの生活を体験する日帰りキャンプというのもあった。娘は当時のレシピに基づいた昼食を「おいしくなかった」などと文句を言っていたが、「それこそがイギリ

ホールスクールでの
劇の発表会

ホールスクールでのス
ポーツデイ（運動会）

スの伝統である」ことを肌で感じるいい機会となったはずだ。

もちろんスポーツも盛んで、テニス、ホッケー、ネットボール（一種のバスケットボール）、ラウンダーズ（野球とクリケットが混じったような競技）といった球技のほか、週に1回は学校の裏の森（ウィンブルドン・コモン）を走るクロスカントリーをやっていた。結構つらかったようだが、体力づくりには役立ったはずだ。

しかし、いくら、体力づくりに余念がなくても、子供のことで当然、調子が悪くなることもある。特に、寒さに強い子を育てるイギリスの伝統に沿っているのか、ホールスクールでは休み時間は教室にいるのは許されず、外で遊ぶことになっていて、風邪気味の時など、症状を悪化させることもあった。

もちろん、朝から調子が悪ければ休ませるが、そうでない場合は、ミセス・カーン改めミセス・スミスという、インド人に対する認識を改めざるを得なくなるほどの物腰の柔らかい受付担当の年輩女性から電話がかかってくる。

押っ取り刀で駆けつけると、娘はミセス・スミスの事務所のソファにぼうっと座っていたり、寝っ転がっていたりする。ホールスクールには保健室も横になれるベッドもない。

ついでだが、イギリスの学校には一般的に学校医もいないし、身体測定も、視力検査も、歯の定期検診もない。土曜日の午前中だけの授業なのに保健室を設置して、保健の先生までいる日本語補習校とはずいぶんな違いだった。

イギリスでは基本的に医療は無料だ。かつて「揺りかごから墓場まで」といわれた世界屈指の手厚い福祉制度の下に１９４８年に設置されたＮＨＳ（National Health Service）という機関が担っている。まず近所の病院でＧＰ（一般医、general practitioner）の登録をして、その後、専門医に診てもらうというシステムだ。だから、調子が悪かったり、気になることがあったりしたら「早く帰ってＧＰに診てもらってくれ」というのが、学校のスタンスである。

しかし、イギリス経済の斜陽とともにＮＨＳのシステムの財政的、運営的な問題が顕在化していて、現在は完全に信頼できる医療体制とはとても言えない。日本企業から派遣されて駐在している家庭では形だけはＧＰ登録するものの、ほとんどが独立運営の日系医療機関へ行っているが、単に言葉だけの問題ではない。もちろん、お金持ちのイギリス人や外国人もＮＨＳを利用せず、高額だがサービスのいい私立の病院を利用するようだ。

ただより高いものはない

当家もイギリス到着から数カ月で近所の医療機関にＧＰ登録することにした。しかし、最初のマートン・メディカル・プラクティスは、登録後も全く何の音沙汰もなく、チャーチ・レーン・プラクティスという別の病院に変更した。通常、新登録者には簡単な検査や問診があるはずなのだが、最初のＧＰはそれさえする気がないようだった。

ようやく、まともそうなＧＰへの登録が終わったが、実際に利用してみると、いろいろと面倒が起こる。妻は二つ目のＧＰに登録した直後、婦人科検診が無料ということを知り受診した。ところが、検査後から調子が悪くなり結局、日系の医者に診てもらうことに。後から聞くところでは、ＧＰでの検査は乱暴なことも多く、似たような例は少なくないらしい。「ただより高いものはない」という言葉の意味を、身をもって知ることになった。

娘の足と手にいぼができた時のことも思い出す。簡単にいぼを診察してから、女性のお医者さんは言った。

「薬を処方しますので薬局で買ってください。それから、ダクトテープを張って、しばらくしたらはがすというのを、何回か繰り返してください」

「ダクトテープって何ですか」

「ダクト、ディー・ユー・シー・ティーです」

「はあ」

「金物屋さんなんかで売っていますよ」

何のことか判然としなかったので、家に帰って辞書を引いてみるとダクトとは送水や通気に使う管だということが分かった。でも、「管テープってなんだ」と思い、ネットなどでさらに調べてみると、日本でいうガムテープとほぼ同じものであることが判明。工事で管をつなぐのに使うテープという意味である。確かにガムテープを張ったりはがしたりしていれば、そのうち、いぼは小さくなっていくだろうし、実際やってみたら効果はあった。しかし、日本だったら、医者は医療用のテープの使用を勧めるのが普通ではないだろうか。ガムテープのほうが安いのは事実ではあるが。

「あなたには扁桃腺がありません」

日本では毎年受けていたインフルエンザの予防接種を娘に受けさせようと思い、GPへ出掛けた。受付で聞かれた。

「誰が受けるのですか」

「娘です」

「うちは、65歳以上にしかインフルエンザの予防接種はやってません」

「えっ、何ておっしゃいました。よく分からないんですけど」

「娘さんはまだ若いでしょ。だから、うちではやらないんです」

娘は注射をせずに済んだので喜んでいたが、娘を医者に連れて行ってインフルエンザの注射を受けさせるよう妻からきつく言いつかっていた父親である私には、不可解な対応であった。仕方なく家に帰ってまた調べてみると、いくつかのことが分かった。

まず、イギリスだけでなく欧州全体に言えることのようだが、冬は湿度が高いせいもあって日本ほどインフルエンザは流行せず、ワクチン接種もそれほど一般的ではない。しかし、高齢者は死亡率が高いので、優先的かつ無料で受けられるようにしているのだ。もちろん、有料で子供にもワクチンを接種するGPもあるが、それよりも薬屋チェーンなどでの接種を選ぶ人が多いのだという。

というが、薬屋さんで注射ねえ、何となく不安である。何しろ病院でも不安なのだから。日本企業の駐在員家庭は日系のクリニックで接種するので、GPの利用を最初から考えていない。さんざん、考えたあげく、接種を断念した。

娘はあまり風邪をひかないほうだが、それでも年に数度は体調を壊す。2015年の冬は熱が下がらず、とうとう、インフルエンザかも、と思い、やむなく日系の診療所に行った。GPでは普通の熱止めを処方されるだけで、検査もしないと聞いていたからだ。結果は見事にインフルエンザだったが、それでも学校から登校再開についての特別な指示などはなく、「体調が良くなったら来てください」ぐらいの感じであった。

GPでいい加減な診察を受けたという例は、それほどいくらでもある。補習校で娘と同級生だった女の子の話だが、夏に海へ行って日焼けをしたせいか体に発疹が出たので、お母さんは何か薬をもらえればと思い、娘を連れてGPに出掛けた。すると、医師は「これは水ぼうそうです」と診断したそうだ。お母さんがびっくりして、「でも、娘はもう一度水ぼうそうやってるんで、免疫があるはずです」と、反論しても埒《らち》が明かず、結局、皮膚科を紹介してもらえないまま帰ってきたそうである。

イギリスで看護師さんをしているある日本人の女性は、昔から扁桃腺が腫れやすく、調子が悪くなりそうだったので薬をもらいにGPへ行ったところ、「あなたには扁桃腺がありません」と言われ、呆れ返ったという。

こんなGPだが、一度はGPに行かないと専門医に診てもらえない制度なので、どうGPの関門を通過して専門医にたどりつくかが、治療に向けての最大の課題となる。GPの予約に1週間、変な医者にあたるとまた別のGPに予約をとって、なんてことをやっていると、ひと月ぐらいかかることは珍しくないらしい。

補習校で知り合った別のお母さんは、風邪のような症状が出てなかなか治らないので、GPに行ったところ3回目になってやっと呼吸器科の医者の紹介状をもらったという。診断の結果は肺炎で抗生物質を投与することになったが、ここまでたどり着くのに1カ月半。処置が遅かったせいか、その後2年ぐらい調子が悪かったという。

こんなに診療まで時間がかかって大丈夫かと思うが、「医者に行くまでにしばらく様子を見ているうちに自然に治ることも多く、結果的に医療費の削減につながる」といった解説を見た記憶もある。放置して重くなれば余計な医療費がかかる気もするが、さらに長く放置して亡くなれば医療費は確かに全くかからない。ただ、人道上の問題となりそうだ。

歯科には一度GPを通すという制度はなく、直接、予約をとって行く。幸い良い歯医者さん（インド系の女性）を紹介してもらって、娘も無事に歯科検診を受けさせることができた。NHSで定めた範囲の診察や治療であれば無料だが、しっかりした治療を受けたいなら自主的に加入した医療保険で支払うことになる。想像に難くないだろうが、歯医者探しに苦労している日本人は多く、「信用できないから、日本に帰国した時に一気に治す」という話は珍しくない。

保健・衛生関係でいうと、欧州では湿度が低いこともあって日本ほどシャワーや風呂に入らない。ひどい子だと一週間に1回ぐらいのようだ。そこで、発生するのがシラミである。西洋人は東洋人に比べ髪の毛が細くて柔らかいので発生しやすいという説もあり、特に子供につきやすい。ある時、娘の隣のクラスの男の子が「かゆいかゆい」と頭を掻き出したら、床にバラバラと白いものが、という恐ろしいこともあったという。

たびたび、学校から髪の毛を洗うようにお触れがあるし、薬局で駆除薬などが簡単に手に入る。キャンプやプール、お泊まりなどで伝染してしまうこともあるので、完全に予防するのは難しいようだ。

学校で服や物がよくなくなったのにも参った。制服があるうえ、体操服や備品も規定のものを使用するきまりなので、皆が同じ物を持ち、他人の物との見分けがつきにくい。名前を書くことにはなっているが、襟元など見えにくいところに書かれているせいか、すぐに間違えられる。娘の学校指定の水筒は数回使っただけで消えた。その後は、靴下がなくなったぐらいで大きな被害はなかったが、男の子のお母さんを中心に「買ったばかりの上着がどこかへ」「靴を間違えて履いていきませんでしたか」という回覧メールがしょっちゅう入ってきた。

娘の話を聞くと、自分のものが見あたらないと、他の子の荷物をぐちゃぐちゃとかき回して、ぽいっ、と放り出す子も多いらしく、「あれじゃ、なくなっても不思議はないよ」と言っていた。他人のものを使っていても、あまり気にしない子も多いらしい。教科書も、どうせなくなるから、という理由で配らないのかとも考えられる。学校に持ち主不明の衣類などを入れておく大きな箱があって、なくなるとそこを探すのだが、なぜかどんどんたまって一杯になる。最後まで持ち主が出てこなかったものは、バザーで安く売られるので、お買い得ではある。一応、結構なお金を出して子供を通わせている私立でこのていたらくなので、公立校の状況も想像はつく。

イギリスでも深刻な学力低下

いじめやネットのトラブル、モンスターペアレント、学級崩壊など、学校が抱える問題は日本でもイギリスでも似たようなものだ。新聞やネットの情報をパラパラ見ていても、日本以上に深刻な状況はよく分かる。

いじめについては、イギリスでは積極的に大人が介入する方針が一般的で、ホールスクールでも何かいじめのような問題が起こったら、すぐに先生に報告することになっていた。セカンダリーでは退学させられた生徒がいたとも聞いた。しかし、表面には見えないネットの世界で起きていることまではなかなか分からない。

娘は一時、一種の子供向けソーシャルメディアにはまり、学校の友達とチャットのようなことを始めた。「やめたほうがいいんじゃない」と注意はしていたものの、「知らない人とやっているわけじゃないから大丈夫」などと、取り合わない。しかし、そのうち、友達の1人が「誰々ちゃんと誰々ちゃんはいつも一緒に遊んでいて、私を無視する」みたいなことをアニメ動画にして投稿し、仮想空間は一気に崩壊。親を巻き込んだ大騒動になりかけた。これに懲りた娘も、そのソーシャルネットでは遊ばなくなった。

子供にネットを使わせるのは、猿に火を扱わせるようなもので、危険きわまりない。大人でも危険性に気がつかず、ひどい目に遭っている人が多いのだから、当然とは言える。

モンスターペアレントといえばホールスクールにも、学校に対し訴訟を起こしているフランス人の家族がいた。子供の一人は娘の同級生でもあったのだが、「子供のスペリングの成績がトップレベルでないのはおかしい」「子供の水筒を非衛生的な場所に放置した」などと難癖をつけてくるので、学校がたまりかねて転校をお願いしたところ、逆切れして訴えたらしい。損害賠償請求額は5万ポンド（800万円）だったが、「訴えに根拠がない」と、裁判所に退けられた。

その母親がたびたび先生と言い合っている現場を私も何度か目撃していて、後で裁判のことを聞いて「なるほどな」と思った。フランス語の先生に、フランス語でまくしたてていたので、フランス人コミュニティーに関する話なのかと推測していたが、違っていたようだ。「傲慢」だとか「ケチ」だとか言われるフランス人の典型的な悪い面を、わざわざイギリスまで来て、全面展開しなくてもいいと思うのだが、善意に解釈すればフランス人の誇りより子供を思う親の気持ちが勝ったのかもしれない。

ホールスクールから少し離れて、イギリス教育界全体の状況を見てみると、最大の課題は学力低下のようだ。

イギリスだけでなく欧州全般に、学校教育でも自主性を尊重し、創意工夫や議論を通じて思考を深めていくのを重んじているようだ。一方、こういう教育では、一つ一つ知識を積み重ねて自分のものにしていくということはあまり重視しない。自主的に学習をしないと、子供によっては読み書きや計算ができないまま義務教育を終えてしまい、結果的に有利な職につけないということになる。

２０１２年にロンドンでは夏季オリンピックが開かれて、特にメイン会場近くのロンドン東部では大量の臨時雇用が生まれた。その際、オーストラリアの企業家が、採用したイギリス人が英語の読み書きや簡単な算数ができないのに驚いて、従業員向けの特別講座を開いて勉強させた、という話もあった。ニューヨーク市長を務めた情報関連企業の創立者、ブルームバーグ氏も「イギリスのエリート教育は優れているが、一般の労働者の学力が低すぎる」といった趣旨の発言をしている。

帰国の折に頼んだイギリスの引っ越し業者で働いている地元あんちゃん風の作業員が、ギターを梱包しながら年配の同僚と、「ギターってどういう風に書くんだっけ」「ジー・ユー・アイ・ティー・エイ・アールだよ」などと会話しているのを小耳に挟み、思わず夫婦で顔を見合わせてしまったことがある。英語は発音と綴りが一致せず、ディスレキシア（読み書き障害）が発生しやすい言語とされるが、そういった子供たちへのケアも十分ではないようだ。

ただ、こういった状況を懸念して、マスコミが学力向上キャンペーンを大々的に繰り広げるなど、一般の関心も高まっている。2016年には、子供の数学の成績が世界でトップとされる中国・上海式の教育システムの一部導入も始まった。「上海システム」と呼ばれると何やら物々しいが、日本でも普通に行われている九九のような数式の暗記と練習を中心とする授業に、多少の改良が加えられたものだ。クラス単位の集団で一斉授業を行うこの方式は、小グループごとの指導が基本であるイギリスとはかなり異なっていて、本当に定着するかどうか疑問を呈する向きもある。

このほかにも、教員の給与が低く抑えられ人材が集まらない、低学力の生徒だけが取り残されたような貧困地域の学校でまともに授業が成立しない、といった問題も指摘されている。個人的には、エリートや富裕層には好きな教育が受けられる選択肢があるのだから、満足な教育を受けられない層への公的な関与を強めたほうが、社会全体の底上げにつながるような気がする。ただ、伝統的に労働者階級には「勉強などできなくていい」という価値観も根強いらしく、一朝一夕に解決できる問題ではないようだ。

イギリスでは日本とは正反対にベビーブームに沸いている。90年代に急激に増えた移民の出生率が高いのが主な要因だが、王室の人気者ケイト妃の出産がこれに輪をかけたらしい。2010年代に入ってからは、公立学校の定員を、入学希望者が超えてしまい、学校に行けずに自宅で待機している児童も出てきた。

日本であればプレハブ教室を作って無理矢理にでも子供を詰め込み、授業を受けさせるところだが、普段は融通が利くイギリス社会にも、妙なところで頑固な面がある。この背景には、学齢期でも学校に通う必要はなく、家で勉強しても違法ではない、ということがある。イギリスには「ビリー・エリオット」（映画化された題名は「リトル・ダンサー」）、「マチルダ」など、子供が主役のロングランのミュージカルがあるが、子役たちは学校には行かず家庭教師をつけられている。こういう考え方なら学校生活になじめない子供にとっては、学校に行かなければならないというプレッシャーが小さくなる。

一方、イギリスの公立の学校では無断欠席に60ポンドの罰金という法律が導入されている。どの程度、厳格に運用されているのかは定かではないが、裁判で親が負けた例もあるので、休む前はきちんと連絡したほうがいい。ただ、連絡しても、それが間違いなく関係部署まで伝わるかどうかは疑問で、実際、トラブルとなった例も報道されている。

1年の半分以上が休み

当初、娘の入学を検討していた日本人学校は弁当持参だったが、ホールスクールをはじめイギリスの学校は基本的に給食である。マーサ・ペインというスコットランドの少女が、あまりに酷い内容の給食に憤慨、写真に撮ってブログに公開したところ大騒ぎになったこともあったが、ホールスクールはそれほど悪くはなかった。子供の誕生日前後に設定されるバースデーランチに親も招かれ、子供とほぼ同じ給食を食べたが、許容範囲というところだ。2週間のローテーションでメニューにそれほど変化はないが、娘は喜んで食べていた。

弁当を作らなくて済むのは親として非常に助かったが、一方で、悩まされたのが休みの多さである。

私立学校は全国統一カリキュラムには従っていないものの、公立とほぼ同じ授業時間を確保している。ただ、私立では1日の授業時間を長くする代わりに、登校日を減らして休みを多くする傾向がある。公立はおおむね学校にいるのは午前9時から午後3時半までだが、ホールスクールでは午前8時半から午後4時までと1時間程度長い。

そこで2013－14年の1年間のホールスクール（ジュニア）のスケジュールを見てみよう。日本と違ってイギリスの新学期は9月から始まる。もちろん、土曜、日曜の授業はない。

2013年9月3日（火）からウィンタータームー開始、12月12日（木）まで（15週）。この間、10月21日から11月1日までハーフターム休暇（2週間）。

冬休み3週間。

2014年1月7日（火）からイースタータームー（復活祭）開始、3月27日（木）まで（12週）。この間、2月17日から21日までハーフターム休暇（1週間）。

春休み3週間。

4月23日（水）からサマーターム開始、7月10日（木）まで（12週）。この間、5月26日から30日までハーフターム休暇（1週間）。5月5日、バンクホリデー。

夏休み7週間。

なお、同じタームという単語を使っているが、ウィンタータームー、イースタータームー、サマータームは授業のある期間のことで、ハーフターム（休暇）はターム（学期）中の休日のことで紛らわしい。また、イギリスはもともと祝日が少なく、学校の休み期間にかからない祝日は5月初めのバンクホリデーだけ。ただ、日本のように「有給休暇は完全消化しない」という慣行はないし、病欠も簡単にできる。なお、バンクホリデーは銀行の職員にも休日を与えるという意味で始まった制度だが、現在では単なる国民の祝日で、銀行とは関係がない。

さて、これを踏まえて授業日数を数えてみると、

ウィンタータームの登校日は13週（週5日）マイナス2日（最初の週の月曜日と、最後の週の金曜日は登校日ではない）の63日。

イースタータームは11週マイナス2日（同上の理由）の53日。

サマータームは11週マイナス4日（最初の週は復活祭の関係で月、火が授業なし、バンクホリデー1日、最終週も金曜日の授業はない）の51日。

で合計で167日。うるう年ではない1年は365日なので、1年の半分を軽く超える198日が休みという恐ろしいことになる。

文部科学省によると日本の小学5年生の授業日数は、206日以上の学校が15・5%、196日から205日が84・1%で、それ以下の186日から195日が0・3%なので、どれだけイギリスの私立学校の休みが多いか、想像していただけよう。

子供は休みが多いと嬉しいかもしれないが、困るのは親である。特に右も左も分からないイギリスで、専業主夫になりたての日本人の中年男にとって、年間200日近くは一日中、子供の面倒を見なければならないのはかなりの苦行であった。

イギリスでは法律で明確に規定されているわけではないが、おおむね小学校の間は、年長者と一緒でなければ外出や一人で留守番はさせられない。かつて、児童が被害者になっ

た誘拐事件や性犯罪が多発したためらしく、日本のテレビ番組のような「はじめてのおつかい」は成立しない。イギリスの子は中学になるまで一人でバスにも地下鉄にも乗れず、買い物もできない。子供を放っておけないとなると、学校の送り迎えや帰宅後、さらには休みの日の子供の面倒を誰かが見なければならない。当然、会社勤めをやめた私にお鉢が回ってくる。

ロンドンに来た当初は、娘が学校に行っている間に、短時間の仕事でもできないかと考えていたが、娘の送り迎えと通勤に必要な時間を考慮するとロンドンの中心部の職場には5時間程度しかいられない。そのうえ、風邪をひいたり、具合が悪くなったりで、せっかく学校に行ったのに家に連れ帰ることもある。他校とスポーツの交流試合の日は、試合相手の学校まで迎えに行かなくてはならない。臨時休校や途中下校といった事態への対応も必要だ。そんな条件を満たすフレクシブルな仕事があるはずもなく、職探しは早々に断念。主夫業に専念せざるを得なくなった。

同様の悩みはイギリス人も抱いているようで、子供を預けられる両親などが近くにいなければ、先進国ではスイスに次ぎ2位（スイスは所得累進制を採用）という、重い託児負担がのしかかる。娘の友達のお母さん方をみても、無料で学生などを部屋に住まわせ代わりに子供の面倒をみてもらうオ・ペアーというやり方などでどうにか人を確保していたが、下の子が小さかったりすると、仕事を断念せざるを得ないケースも多いようだった。

ストレスのネタに事欠かない車での送り迎え

ウィンブルドンはそれほど古い歴史のある街ではなく、近代になってから鉄道駅を中心に急激に発達した。ウィンブルドン駅を基点に各方面に鉄道や、トラムという市街電車が伸びていて鉄道の利用客にはとても便利な場所である。しかし、車を運転するとなると張り巡らされた鉄道網を横切るため、高架線の下を通るトンネル、地上を走る線路の跨線橋、踏切などを越えなくてはならない。ルートの選択肢が狭まりボトルネック（隘路《あいろ》）があちこちに出現、朝夕は必ずといっていいほど渋滞する。

娘の送り迎えのために朝夕、ほぼ毎日、運転していたが、学校は駅を挟んで当家から反対側。どうやって渋滞を回避するかが大きな課題だった。親にとって大変なのは学校そのものではなく、学校に子供を送り届けることである。当家から娘の学校までの最短距離は8キロほど、順調ならば約20分で到着する。だが朝方はウィンブルドン駅前を通る最短ルートは、大渋滞で使えない。そこで、1年以上にわたり研究を重ねて抜け道を開拓、よほどのことがない限りは30分以内にたどり着けるようになった。送った帰り道は少し遠回りだが普通の広い道を使うことが多いが、やはり渋滞していて約25分。迎えの時間帯はそれ

複雑なロンドンのラウンドアバウト（写真・Rex Features/アフロ）

ほど混雑せず順調で、行き帰りともそれぞれ20分強というところ。毎日2往復、延べ1時間半は運転していたことになる。

朝はなかなか起きてこず、準備にも時間がかかる娘を脅したりすかしたりして、7時50分には車に乗せ、8時15分をめどに学校に到着する。しかし、緑豊かなロンドン郊外で朝の新鮮な空気を吸いながら運転するのは気持ちがいい、と言えなかったのが残念である。

その原因はまず、とにかく複雑怪奇、1回では覚えられないような道順だ。フラットの駐車場を出てから、「ラウンドアバウト（ロータリー交差点）直進5回、右折2回、左折2回。信号のない一般交差点の左折7回、右折3回、直進（優先道路越え）1回。信号直進2回、車幅制限の関門通過2回、歩行者優先横断歩道（ゼブラという）通過2回」をこなさなければいけない。

ラウンドアバウトは、きれいに4本の道が直角に交わっている場合はそれほど面倒ではないが、変形ラウンドアバウトも多く、思わぬところから細い脇道が出ていることもある。高速道路の出入り口や、複数の幹線道路が交差する場所には、巨大で全体が把握できないジャイラトリー（gyratory）と呼ばれるラウンドアバウトもある。自転車が大型トラックに巻き込まれる死亡事故がよく起きる。ゼブラというのはイギリス独特の横断歩道で、ここを歩行者が渡ろうとしていると、車は必ず停止しなければならない。道路に描かれているシマウマの柄のようなジグザグの標識にちなんで命名されている。

時にせっかちな乱暴者にクラクションを浴びせかけられながら、スラローム運転を繰り返し、ようやく学校まで到着しても、一斉に送り迎えに来た大勢の保護者と駐車スペースを争わなくてはならない。学校の前は自動車がどうにか対面で通り抜けられる幅で、一方は必ず路上駐車の列。学校は自主的に一方通行にしているが、近隣の住民には浸透しておらず、時に大型車両が逆走してきて大混乱となる。また、学校周辺は坂道になっているが、除雪の優先順位が低く、雪の日（ロンドンには雪は降らないはずなのに、地球規模での気候変動の影響か最近は降る年も多い）などは制御不能になった車（ロンドンではスノータイヤを装着する人はほとんどいない）が滑り落ちてくる。ストレスのネタには事欠かない。

朝、渋滞する原因は事故より工事である。１００年以上前のインフラをそのまま利用しているので、いくら補修してもきりがないらしい。それも、道路の工事ではなくその下を通る水道や下水の工事がほとんどだという。ロンドンでは水道管や下水管が破裂するのは珍しいことではなく、娘の学校も一度休校になった。当家が日本に戻った直後には、近所の幹線道路が水没してネットに動画が投稿されていた。イギリスでは日本ほどの集中豪雨はないが、雨が降り続くと排水の処理能力を超え、道路のあちこちが冠水し通行不能となる。

２０１２年のロンドンオリンピックで、ウィンブルドンはテニス会場となり、合わせて周辺の整備が進められた。２０１１年７月の転入直後から駅前の道路の工事が始まり、約１年間続いた。開会を前に駅前はすっかりきれいになり、「工事もやっと終わった」と思って喜んでいたら、閉会と同時に工事が再開。水道だか、ガスだか分からないが、せっかく舗装した道をまた掘り返し始めた。

当家ではトヨタのオーリス（１３００cc）という、日本でもイギリスでもそれほど人気のない車種に乗っていた。もちろん、マニュアルである。欧州ではオートマは圧倒的に少数派で、お年寄り用と思われているが、マニュアルは急発進や急なバックをすることがないので、お年寄りにこそ乗ってもらいたいと思う。

幸い故障はほとんどなかったが、パンクは4回経験した。そのうち2回は釘のような尖ったものを踏んだのが原因で、ロンドンでは珍しくないらしい。大事な用がある時にパンクされたらと思うと不安にもなるが、道に落ちている釘までは避けようがない。できるだけ、工事現場の近くを通らないほうがいいとも言われたが、どこも工事だらけなので不可能だ。

残り2回はともに似たような状況で、対面からスピードを落とさずに接近してきた車を避けようとハンドルを切り、縁石にタイヤの脇を「こつん」とぶつけあえなくパンク。一種、当て逃げされたようなものである。タイヤの側面は強度が弱く、スピードがあまり出ていなくても、当たり所が悪いと一発だ。ひいこら30分ほどかけて予備タイヤに交換、ガレージに運んで新しいタイヤを入れるが、結構な重労働と費用である。

イギリスでの交通違反

オーリスには利点があった。加速が悪く、スピードもどんなに頑張っても時速80マイル（128キロ）程度なので、速度違反を犯す危険性が低いのだ。それなのに、2度もスピード違反を犯している。最初はイギリス国教会の総本山のあるカンタベリーに行った時のこと、速度制限30マイル（48キロ）のところを38マイル（約61キロ）で走ったところをレーダーで計測され後日、違反通知が届いた。多分、信心が足りなかったのだろうが、異教徒なので仕方ない。後で人に聞いてみると、5マイル（8キロ）オーバーが摘発される境目らしい。

街路灯があって特別の速度標識がない道は30マイルが制限速度と決まっているが、日曜日でガラガラの2車線の広い直線道路で、知らない間にスピードが出ていたようだ。60ポンド（9600円）罰金で3ポイントの減点を受け入れるか、さらに高い金を払い半日は必要となるスピード講習を受けて減点を免れるか、選択肢は二つ。3年間で12ポイントの減点で免許取り消しだし、減点されると保険料も上がってしまうので、97ポンド払ってサリー州ペンジ（Penge＝ローリング・ストーンズの元ベーシスト、ビル・ワイマンが育った街）でスピード講習を受けることになった（講習のスピードが速いわけではない）。

内容はご想像のとおりだが、日本の講習とは違い、黙って座って聞いているだけでなく、時にはグループを作って相談しながら安全運転の問題に答えるといった具合で、娘の学校の授業と同じである。「つかまっちゃったけど、せっかくだから楽しんでやろう」とばかりにイギリス人らしいユーモアセンスを発揮している人もいて、妙に愉快な講習であった。

2回目は帰国直前、イングランド南部の海沿いの町、ブライトンで30マイルのところを36マイルで走ってつかまった。帰国直前だったので100ポンド（前回より40ポンドの値上げ）を払い、３ポイント減点を受け入れた。よく知らない街、日曜日に広いガラガラの２車線道路、というほぼ同じ条件での違反。そのまま、帰国して踏み倒そうかと思ったが、多少なりとも日本人としての誇りもあったので、泣く泣く払った。

イギリス国内ではさらに１度、違反を犯した。イギリスでは大きな交差点の内部や、消防署の前などの道路に黄色い格子柄が書かれていることがあるが、これは一時停止さえ禁止という意味である。テムズ川を渡るキュー橋（王立植物園のキューガーデン近く）の手前で、交差点に入ったところ、脇から割り込んできた車に邪魔されて、やむなく黄色い格子内に停車。そこで信号は赤に変わりレーダーで撮影され御用となった。前の車を破壊してでも通り抜ければ、よかったのかもしれない。

この種の違反は、駐車違反と同様、警察ではなく自治体が取り締まっていて、行政処分つまり減点の対象にはならないが、罰金65ポンドは痛かった。それなのに後日、同じ道を走ってみたら、黄色い格子柄はなくなっていた。罰金をくらったドライバーから、相当、苦情があったものと思われる。

いずれにしても、違反の通知は味もそっけもない官製封筒で突然、やってくる。一般の公共料金などは妻名義になっているので、私名義の宛先でこの種の封筒が届いたのを見るだけで、心臓がどきどきした。なお、イギリスでは免許携帯は義務ではなく、免許不携帯という違反はないのは嬉しい。

最大の難敵、自転車

学校の送り迎えの運転での最大の難敵は自転車だ。ちなみに、イギリスでは自転車のことを一般的にバイク（bike）という。ただ、日本語のバイクと同じオートバイの意味に使っていることもあり、ややこしい。

ロンドンではEU離脱派のリーダーとして世界的に名を馳せたボリス・ジョンソン市長（当時）が旗を振って、自転車の利用を奨励していた。ボリス・バイクといわれる無料のレンタルシステムもある。環境問題などを考えると自転車は素晴らしい乗り物だと思うが、ロンドンで利用するなら文字どおり、環境のために命を賭ける覚悟が必要だ。

歩行者保護のため、小さい子供を除き自転車はイギリスでは原則的に歩道は走れない。その結果、車道を走ることになるが、時速40マイル（64キロ）超で、びゅんびゅん車が飛ばす幹線道路の端を、とろとろと自転車が走れば追突の危険は大きい。まれに、自転車が通行可能な歩道もあるが、スピードが出せないのであえて車道を走る自転車もいる。

イギリスの多くの道路は、昔から使われていた自然にできた道を使っている。無理に直線にしたり、道幅を広げたりはせず、緩やかに等高線に沿って曲がっていたり、尾根筋、谷筋を通っていたりする。道幅も広くなったり、狭くなったり、1車線から4車線ぐらいまで、自由自在に変化する。市街地も19世紀末ごろまでに整備されたままで、大型車両や自転車の通行を前提とした設計になっていない。

したがって、イギリスで自転車に乗れるのは、体力、運転技術に自信のある強者だけである。一般道で自転車に乗っている子供や、お年寄りは極めて少ない。危なすぎるのである。また、鍵をかけずに路上に駐輪するとすぐに盗まれるので、がっちり鎖で固定物につながなければならない。ロンドンで自転車は気楽に利用できる乗り物ではないのだ。

その自転車、交通規則などなんのその、車間を縫い、速度を落とさず狭いスペースに突っ込んでくる果敢な方々がなんと多いことか。冒険心に富んだイギリス人気質を十分に発揮してくれる。娘の送り迎えの際、寒くて強い雨が降っていると嬉しくなった。自転車がほとんど走っていないからである。暖かく晴れて気持ちいい日は不安になる。自転車に乗る人が多くなるからだ。

先に紹介した送迎ルートが複雑怪奇になった理由の一つとして、自転車がある。自転車には走りにくい起伏が激しい道をあえて選んだのだ。すべての道の起伏が激しかったらどんなに素晴らしいだろう、と思っていたものだ。

イギリスでは公共交通機関の料金値上げが続いているうえ、長期の定期を購入しても割引率は極めて低い。さらに、雇い主が交通費を支給するという慣行もないため、経済上の理由から自転車を利用する人が増えているようだ。

ただ、交通渋滞の緩和や、環境保護のために自転車を普及させようと本気で思っているなら、ロンドンの街を、そのために根本的に作り変えるぐらいの覚悟が必要だろう。アムステルダムなど成功した都市もあるようだが、ロンドンでは何の準備もできていないのに、自転車の普及だけ進めているように思える。月に一人ぐらいのペースで、自転車に乗っている人が交通事故で命を落とすが、そのたびに新聞では大騒ぎしている。

自転車に加え、赤信号を無視する歩行者も難敵だ。それでも大人の歩行者はまだいい。怖いのはスクーターに乗った子供の飛び出しである。これは、いわゆる日本のスクーターとは全く違って、日本ではキックスケーター、キックボードなどと呼ばれる、車輪のついた金属の板に乗って片足で蹴りながら進む簡単な乗り物だ。

スクーターは歩道を走っても構わないのだが、路上駐車の車列があると、背の低い子供は車の運転席から見えないことが多い。その上、結構なスピードだ。親が一緒にいようと、いまいと、勝手にスクーターでどんどん先に行ってしまう子も珍しくない。送り迎えの学校の近辺など怖くて、スピードなど出せたものではない。特に冬になると午後4時には真っ暗。暗闇の中からスクーターで飛び出してくる子供には本当にひやひやした。

といった具合で、交通状況によっては、朝、娘を送りに行って帰ってくるだけで、ぐったりとする日も少なくなかった。一日で最も忙しい通勤時間帯から熱心に稼働しているゴミ収集車に道をふさがれたり、突然の通行止めで回り道を余儀なくされたり、イギリスの交通規則を理解できないハトやらキツネやらリスやらが道を歩いていたり、渋滞に巻き込まれている時に腹の調子が悪くなったりと、それこそ泣きたくなったこともある。

入学式も卒業式もなし

とにかく事故だけは起こさないことを考えて、運転を続けた3年余り。娘は、「友達のお母さんはもっと飛ばしている」などとのたまっていたが、何をかいわんやだ。何か気にいらないことがあったのか、行きも帰りもふくれっ面された日には、運転に集中するだけでも大変なのに、つまらない事故を起こして、異国の地で面倒に巻き込まれるのはご免である。中学校への進学を機に、朝夕の送り迎えはなくなったが、とにかく無事故で切り抜けて、解放されたことで心底ほっとした。

しかし、そんな親の感慨もどこへやら、イギリスの小学校には入学式も卒業式もなく、最後の登校日も昼食時に校長先生が少しお話ししておしまい。在校生が机をバンバン叩いて送り出すという儀式はあったものの、なんともあっさりしていた。

ホールスクールの「卒業ランチ」

中国や韓国では日本と似た入学式、卒業式をやっているようだが、欧州ではあまり一般的ではない。入学式はドイツの初等、中等教育機関であるようだが、フランス、イタリアにはない。イギリスの大学では、卒業式が学位授与に合わせて麗々しく行われるが、フランス、ドイツではこれもなし。イタリアは大学の卒業が難しく、親戚一同で「お祝い」をするが日本的な卒業式とは違う。

そもそも欧州では、学校に対しても実際的な期待が強く、日本のように精神的な絆などを求める傾向は少ないようだ。転校にもあまり躊躇がなく、ホールスクールでも引っ越したわけでもないのに、児童がひんぱんに入れ替わっていた。

中学校（セカンダリー）への進学にあたっ

て、仲の良かった例の4人組は娘を除き、別の学校へ行ってしまった。場所が少し移動することや、大学進学課程（シックス・フォームといわれる2年間の日本の高校にあたる課程）がないことで、別の学校を選ぶ子供も多いのだ。セカンダリーになると親の送迎は必要なくなり、娘もバスと徒歩で通うことになった。コツコツと築いたイギリスのお母さん仲間とのつきあいも、練りに練った経路での通学ドライブも終わってしまい、軽い虚脱感に襲われた。

第4章　それでもイギリスはおいしい？

最大の腕の見せどころも、問題続出

主婦（夫）の最大の腕の見せどころといえば、なんといっても夕飯の支度であろう。妻も私も食べることが好きで、特に妻は結構、味にうるさい。私が主夫業に専念するにあたって、妻が最も心配したのが、きちんと食事の用意ができるかということであったらしい。

先にも書いたが、学生時代や、独身時代、結婚してしばらくは料理をしたこともあったが、十数年にわたりほとんど台所に立ったことはなかった。ただ、会社を辞めてから、ロンドンへ行くまで2カ月ほどあったので、この時間を利用して、修行に励むことにした。妻の収集した料理のレシピ本も大量にあったが、とりあえず基本的な本からスタートした。

日本で最も準備に時間をかけたのが魚の焼き方である。ご飯のおかずで何が好きかと問われたら、まっさきに挙げるのが焼き魚なので、これだけは海外でも食べたかったからだ。ジュネーブでは前任者が置いていった魚焼き器があり、一軒家で煙をもくもく出しながら豪快にアジやクロダイなどを焼いていた。夏には庭でバーベキューをやったが、炭火での焼き魚は最高だった。ただ、ロンドンでそういった理想的な環境が整っている保証はなく、フライパンで焼き魚ができるよう練習を重ねた。

最近はネットでいろいろとレシピや料理法が公開されているので研究してみたが、フライパンに直接、油を薄く引いて焼く方法はあまりうまくいかず、最終的にクッキングペーパーを使って焼く方法に落ち着いた。キッチンタオルなどで十分に魚の水分をとってから、熱したフライパンにクッキングペーパーを敷いて焼く。片側が焼けたのちにひっくり返すのが最大の難所で、下手にやると皮が紙にこびりついてしまう。この辺は魚の大きさと形、さらに焼け具合を見て、フライ返しや菜箸を使って臨機応変に対応しなければならない。しかし、帰国してアルミホイルを使うほうが簡単でうまくいくことが分かり、現在はクッキングペーパーは使っていない。

次は魚の三枚下ろし。どの程度の魚が手に入るか分からないが、新鮮なものが手に入ったらやはり刺身で食べたい。出刃包丁と鱗落としを買ってきて、ネットを参照しながら、試行錯誤でやってみた。何回かやればそれなりにできる。作りたての刺身は明らかにスーパーで買うのよりうまいので病みつきになる。

さて、それなりに準備を整え、いよいよロンドンで調理を始めてみたが、日本では想定していなかった問題が次々と発生してきた。

まずはコンロ。欧州では電気コンロのレンジが普及していて、スイスでも電気だった。火事になりにくいのはいいが、火力が弱いので温度がすぐに上がらず、一方でいったん熱くなるといつまでも冷めない。煮込み料理には向いているが、中華風の炒め物などはうま

筆者が住んだフラットの台所

くできないのだ。是非とも日本のようなガスコンロの家を借りたかったが、妻の通勤などの諸条件を満たす物件はなく、結局、オール電化のフラットに住むことになってしまった。

電気コンロの欠点としては、点火しているのかどうか分かりにくいということも挙げられる。当家には4つ火口があったが、間違えて別の火口を点火していたり、知らぬ間に体に触れてダイヤルがオンになっていたりしても、なかなか気づかず、準備していた豚汁などをダメにしてしまったこともある。

次にキッチン。借りたフラットは親子3人で住むには十分広いが、家族向けの間取りではなく、ほかの住民は若いカップルや、フラットをシェアしている若者、親と小さい子供だけの家庭が多かった。当然、大きなキッチンも必要としていないのだろう。ロンドンに来てからいろいろなお宅にお邪魔したが、当家より狭いキッチンは見なかった。そこに、鍋、調理道具、水筒、弁当箱など、妻の長年にわたる一大コレクションを詰め込んだので、当初から調理スペースはギリギリ。そこに、電子レンジを据えつけ、さらに妻が買い込んだ弁当作りや趣味の料理のための様々な調味料や缶詰などの類が増えてきて、ついには、調理中に鍋のふたをとると、それを置く場所にも苦労する状況となった。

引っ越し当初、しばらく船便の炊飯器が届かず、しばらく鍋で米を炊いていた。しかし、これは早く炊ける（炊飯器48分に対して20分弱）し、炊き上がりも遜色ない。常に火加減に気をつけなくてはいけないのと、火口を一つ占領してしまうのが難点でやらなくなってしまったが、炊飯器のスイッチをつけ忘れても、鍋で炊けると知っていれば安心だ。

5年間の料理メニュー

ロンドンで主夫稼業を始めてからの約5年間（2011年6月から2016年5月）の夕食のメニューを記録してみた。基本的に平日のみで休日は外食、または妻が作るというパターンである。普通のご飯、味噌汁、スープ、サラダや野菜の類は除き、おかずまたはご飯料理だけを数えた。多くは1品だけだが、2品、3品のこともあるので、夕食を作った日数と合計は一致しない。自分で同じ料理と認識しているもの（クロダイの焼き魚、スズキの焼き魚）は一つのカテゴリー（この場合は焼き魚）にまとめ、頻度の多い順に並べた。

夕食のメニュー 179種類（2011年6月〜2016年5月）

回数	メニュー
201	焼き魚
	57 スズキ
	44 クロダイ
	35 サケ
	18 イワシ
	17 サバ
	9 サンマ
	8 シシャモ
	4 キッパー（ニシンの燻製）
	2 ニシン
	1 ティラピア
	カジカ（レッドガナー）
	ニジマス
	アジ
	太刀魚
	メカジキ（照り焼き）
	サワラ
75	刺身
66	炊き込みご飯
65	カレーライス
61	中華風炒め
	15 チンジャオロースー
	11 海老・ブロッコリー
	10 鶏カシューナッツ
	など
54	鶏から揚げ
	28 スタンダード
	19 手羽先唐揚げ
	7 鶏ナス南蛮酢
45	餃子
43	鶏丸焼き
	22 スタンダード
	21 もち米詰め
37	トンカツ
32	麻婆豆腐
31	ハンバーグ
30	煮物
	14 鶏・サトイモ・人参
	5 大根ポークリブ
	など
28	エビフライ
27	羊焼き
26	豚汁
25	焼肉
	キムチ鍋
23	パエリア
22	牛ステーキ
21	豚角煮
20	しゃぶしゃぶ
19	魚ホイル焼き
	肉じゃが
18	タラ・アンコウ寄せ鍋
17	おでん
15	ニジマス中華蒸
	タイカレー
	羊マリネ焼き
14	鶏グラタン焼き
	手巻き寿司
	煮魚
12	焼き豚
11	豚生姜焼き
9	ビビンバ
	鶏トマトスープ
8	サバ竜田揚げ
7	サケ押しずし
	アクアパッツァ
	クロダイ土鍋ご飯
6	ボルシチ
	コロッケ
	ポークソテー
	タコキムチ
	ハヤシライス
5	サバ味噌煮
	手打ち天ぷらうどん
	ローストビーフ
	アスパラベーコン
	スペアリブトマト煮
4	バーニャカウダ
	スパゲッティー
3	ゆで渡りガニ
	生ガキ
	ポトフ
	ウドン
	中華風おこわ
	フィットチーネ・ボロネーゼ
2	チキンソテー
	ムール貝ワイン蒸
	ロールキャベツ
	ムニエル
	ビーフシチュー
	肉豆腐
	レンコンはさみ揚げ
	サムゲタン
	鶏サラダ
	茹で白アスパラ
	キムチチヂミ
	あひるロースト
	イカキムチ
	トムヤムクン
	キムチ豚シャブシャブ
	うどんすき
1	イワシ丸干し・納豆
	ラーメン
	アンコウ・カジキオーブン焼き
	スペアリブ焼き
	シーフードドリア
	焼きうどん
	ソーセージ
	牛さいころステーキ
	マテ貝バター炒め
	海老・ほうれん草炒め
	鶏もも焼き
	中華風羊鍋
	海老かき揚げ
1	ハギス
	ピーマン肉詰め
	かつ丼
	天ぷら
	鶏ももピリ辛ロースト
	天ざるそば
	ウニめし
	リゾット
	シューマイ
	チャプチェ
	カルビスープ
	韓国海苔巻
	キュウリわかめ酢の物
	揚げ豆腐団子
	ドライカレー
	お茶漬け
	韓国風海鮮すいとん
	鶏雑炊
	ポッサム
	モドゥムジョン（韓国風ピカタ）
	ノビアニグイ（韓国風宮廷焼肉）
	豚焼肉
	韓国味噌汁
	ハムステーキ
	アンコウチム（韓国風魚料理）
	水餃子
	きんぴらごぼう
	韓国風タイ船盛
	牛肉ミートボール煮込み
	韓国式モンゴル焼き肉
	ビーフソテー
	タラ・トマトオーブン焼き
	豚のスカロッピーネ
	羊肉トマト煮
	マーボーナス
	タラサラダ
	鶏水炊き
	チャーハン

5年間で150種以上作ったが、1回で終わったもの、刺身のように買って並べただけのもの、違う料理として数えていてもほとんど調理法が変わらないものもある。また、夕食以外にも週末を含め朝食も作っていたし、昼食も学校のない日は娘との二人分を用意して、それぞれ、夕食にはあまり出さないメニュー（目玉焼き、ゆで卵、オムレツ、かりかりベーコン、納豆、チャーハン、ラーメン、スパゲッティー、焼きうどんなどなど）もあった。夕食に出す味噌汁や、野菜などのつけ合わせの類（ゆでだこサラダ、即席漬けなど）も料理と言えなくはない。そんなこんなで多少、数が不正確かもしれないが、日本の家庭なら大体、こんなものではないだろうか。

ちなみにイギリスのスーパー、モリソンズの調査によると、イギリス人の平均的な家庭のメニューは5種類。ミートソース・スパゲッティー、肉のロースト、ソーセージとマッシュポテト、シェッパーズ・パイ（牛肉とジャガイモのパイ）が定番ということなので、日英の品数の格差は相当なものがある。

レシピ通りに作っても

料理のレシピは基本的にネットで探したが、日本と同じ材料は手に入らないし、電気コンロの火加減も弱いため、そのまま作ってもうまくいかない。結果的にオリジナルなものになってしまうことも多かった。

このうち、定番といえる10回以上のレシピは33種類、一方、5回以上の準定番は16種類に留まっている。焼き魚をはじめとする定番料理が、いかに当家のメニューを席巻していたか（ワンパターン化していたか）よく分かる。定番の33種類を初めて調理した時期を見ると2011年が23種、12年が4種、13年が4種、14年が2種。圧倒的に初年度から作り始めている。準定番16種では11年が1種、12年と13年がそれぞれ6種、14年、15年、16年がそれぞれ1種。作り始めて2、3年はいろいろと試してみるものの定着せず、その後は新しい料理に挑戦することも少なくなっている様子が窺われる。

調理具は基本的には日本から持ってきた厚手で深みがある万能型フライパンと鍋。包丁も日本のもの。欧州の包丁は小ぶりで力が入らないうえ、どうしてこう切れ味が悪いのか不思議なほど切れない。電気コンロではお湯が沸くのがとにかく遅いので、専用の湯沸かしも欠かせない。上下二段に分かれる巨大なオーブンが備えつけられていたが、当家のような3人家族では上段の小さいほうだけでも十分だった。小さな電子レンジも買ったが、こちらは基本的に妻の弁当用で、その他は朝食用に前日の残りを温めたり、ベーコンを焼いたり、といった使い方だった。

夕食の基本方針は、いかに「ご飯（お米）をおいしく食べるか」に尽きる。根っからの日本育ちの私は、主食がご飯でないと夕食を食べた気がせず、パスタやパンは例外的にしか出さなかった。必然的にご飯に合う和食、中華系が多くなり、西洋系・創作料理系は少ない。この辺は妻の「女の趣味の週末料理」にお任せした。

唯一のこだわりは作りたてを出すこと。熱々のものを出せば、少々の失敗は目立たない。しかし、予定の時間よりも、妻の帰りが遅くなったりすると、すべての計画が崩れ、あっという間に粗《あら》が見えてしまう。そのうえ、帰るなり台所に入り込んで放り出してあった調理具などに腹を立てて片付けを始め、粗が見えてからお召し上がりになることも多々あった。この結果、危機的な状況に至りかねないふるまいである。

イギリスのスーパー事情

さて、夕食で作った回数の多い料理を中心に、料理法とイギリスでの食材の入手法を見てみよう。

まずは何といっても焼き魚。他の料理を圧倒している。かつて、「日本を代表するにおいは魚を焼くにおいだ」と言った人がいたそうだが、私も同感である。先に述べたように、魚の焼き方だけは日本で研究を重ね、実践もこなしたので、フライパン一つで両面の皮をこんがりと焼けるようになった。基本的には塩焼きにして、醤油、またはレモンを絞る。

大根おろしは、大根の種類が日本と違って辛みがないので、やめてしまった。

魚の入手経路として圧倒的に多かったのがスーパーマーケットである。

イギリスはスーパーの寡占化が進んでいて、テスコ、センズベリーズ、アスダ、モリソンズがビッグ4と呼ばれる。これに高級スーパーのマークス・アンド・スペンサーとウエイトローズ、ドイツ系ディスカウンターのリドル、アルディーを加えれば、イギリスのスーパー業界を概観できる。

このビッグ4のスーパーも日本でいえばディスカウンターというかバッタ屋の仕入れに近く、日本のスーパーの細やかな品ぞろえを期待してはいけない。安いのは結構だが、当たり外れが大きく、本当に基本的な商品でもなかったりするので、「この料理が作りたい」と決めて材料を求めに買い物に行くと、がっくり、ということになる。

さらに本物のディスカウンターのリドル、アルディーになると、買い叩いた品物を並べているだけなので、買い物を楽しむというより使えるものを探している感じになる。ただし、非常に安く、ビッグ4はディスカウンターの攻撃にさらされ、どこも厳しい経営を迫られている。一方、高級スーパーの二つは、質はいいがお値段もかなりのもの。また、基本的にイギリス人のお金持ち向けなのでエスニック系の品ぞろえは悪く使い勝手が悪かった。

私が最も頻繁に利用したスーパーはこのビッグ4の一角、アメリカのウォルマート傘下

スーパーマーケットのビッグ４の一つ、テスコ

のアスダ。娘の通う小学校のすぐ近くにあって車で買い物をするのに便利だったからだが、鮮魚が比較的多く入り、東アジアを含めたエスニック系の品ぞろえがよいという利点もあった。

次はテスコで、ガソリンスタンドも併設され便利だったので、娘が中学校に進学して送り迎えの必要がなくなってからは、アスダに取って代わった。一般的な品質はアスダより良かったが、店内が広すぎて商品が見つけにくいのと、大量に買い込む客が多く、レジ（イギリスでは till という）に並ぶ時間が長いのが難点。魚についてはアスダと同程度で、エスニック系の品ぞろえはやや劣る。

モリソンズはウィンブルドンの駅前にあった。元が魚屋で、魚介類の質はここが一番、時にはタコやイカも入荷する。野菜も他のスーパーよ

モリソンズの店内

りも新鮮な印象。ただ、基本的に徒歩での買い物となるため、重たいものを大量に買うには不向きだった。

センズベリーズは学校の送り迎えと方向が逆だったこともあるが、やや高級志向で全般的に高く、魚の品ぞろえも良くないのであまり利用しなかった。ただ、このスーパーは日本のコンビニタイプの店舗をいち早く展開して、成功を収めている。

なお、イギリスのスーパーに行く場合、外が暖かいからといって、あまり薄着で入らないほうがいい。特に朝方の肉・魚、冷凍食品の売り場はとんでもなく冷えていて、外から入ると調子がおかしくなったりする。

イギリスのスーパーに特有の制度としてキャッシュバックというのがある。これはイギリス国内に口座がありデビット・カードを使う場合、スーパーのレジで買い物ついでに50ポンドまで引き出せる制度。イギリスは日本に比べればカード社会だが、それでも、小さな個人商店などでは決済が現金のみというところはまだ多い。それなのに、銀行のATMは屋外にあることが多く、防犯上、利用がためらわれる。どうやって少額の紙幣を入手しているのか不思議だったが、多くの人はこのスーパーでのキャッシュバックを利用していたのだ。アスダとモリソンズではセルフタイプのレジでも現金が引き出せ便利だった。

また、イギリスのスーパーでは買い物途中で、店内の商品を食べてしまい、後から袋だけを見せてレジで精算する人もいる。望ましくはないが黙認されているようだ。

レジの打ち間違えも結構多い。しつこく調べて、サービス・カウンターでクレームをつけている人もよく見かけた。ただ、悪気があってやっているのではなく、単にきちんと入力できないだけなので、多い時も少ない時もある。ケタ違いの間違いなら別だが、トータルで考えればプラス・マイナスゼロに近いと思われるので、あまり気にしないほうが精神衛生上はいいと思う。

重宝した韓国人街

さて、スーパーといえば韓国系を落とすわけにはいかない。コリア・フード、Hマートという大きなスーパーが車で15分ほどのニュー・モルデンにあり、魚だけではなく、有頭エビ、アサリ、生ガキなどの海産物も入手できた。もちろん、米、味噌、醤油から納豆、油揚げ、こんにゃく、おでんの材料など、日本食材も一通りそろっていて、わざわざロンドンの中心にある日本食材店まで買い出しに行く必要はなかった。

当家がよく利用したコリア・フードはニュー・モルデンの街の東のはずれに位置している。ニュー・モルデンは韓国人が集まっている街だが、ロンドン中心部の中華街とは違って、韓国系の商店だけで街ができているわけではなく、普通のイギリスの街の中に韓国系の店が多く混じっている感じだ。ただ、駅から少し離れた、バーリントン（Burlington）ロードや、キングストン（Kingston）ロード沿いには、韓国料理店などが集中している。かつて、ニュー・モルデンの北の高級住宅地に韓国大使館の公邸があったことから、韓国人が集まりはじめ、現在、2万人程度の韓国人が住んでいるという。

私は語学がマニアックに好きで、日本にいた時分から細々とやっていたハングルにイギリスで本格的に取り組み、辞書があれば新聞程度は読めるようになった。そこで、韓国コミュニティーの新聞をめくってみると、物価、暮らし、教育など生活関連のニュースや情報が、日本のフリーペーパーなどに比べ圧倒的に多かった。求職や留学、子供の英語習得といった実利的な観点でイギリスに来て、質素に生活している韓国人が多いのだと推察さ

ニュー・モルデンにある韓国系スーパー、コリア・フード

れる。また、在英韓国人団体の選挙をめぐる内紛で、それぞれの機関紙を使って相手方を攻撃しているのを読むと、気性の激しい民族性を改めて感じてしまった。韓国人および韓国通の知人にこの話をしたら、韓国人は組織を作ってもすぐに仲間割れを起こして分裂するものだと言われた。

当然、ニュー・モルデン周辺の小学校にも韓国人が多く、日本人のお母さん方とのつきあいも結構あるようだ。

そんな小学校で、私の知り合いのお母さん方が、ひょんなきっかけからバザーのような学校行事に、ちらし寿司などの簡単な日本食を出したそうだ。ジャパン・デイなどと称され、非常に好評だったという。

これに反応したのが韓国のお母さん方。「日本人にだけは負けないわ」と、韓国大使館を巻き込んだり、プロのパフォーマーを呼んだりして、盛大なコリアン・デイを催したそうだ。日本人のお母さん方は、そんな対抗意識はなかっただけに目を丸くしたという。

半分趣味、半分将来を見据え(帰国後にコンビニでバイトができるように)、家事の合い間に韓国語会話を習おうとも思ったが、社会人が対象の夕方から夜のコースしかない。昼の習い事というのは基本的に主婦向けの手芸、お菓子作りなどの類が多く、主夫が興味を持てそうなものは意外と少ないのだ。何かないかとしばらく探しているうちに、知り合いの紹介で日本人お母さん方に交じり、元料理店経営の韓国人女性から韓国料理を習うことになった。

韓国料理はイギリスではまだなじみが薄いためか、あまり現地化しておらず、韓国本場の味がそのまま楽しめる。ただ、日本風の韓国料理に慣れている日本人にとって必ずしも口に合うとは言えない部分がある。

韓国料理を習って一番びっくりしたのは、味つけの濃さ。宮廷風と銘打ったサラダを作ったことがあったが、それでも一人前の分量に練りガラシがチューブで一本分入る。韓国系スーパーで売っている粉唐辛子の一番小さい容器でも、日本人の一生分ぐらいはありそうだ。その他、ニンニク、砂糖、塩、油などの調味料も普通の日本料理の数倍は入れる。調理法も大胆である。私は辛いのは全く平気なのだが、味が濃すぎて時に疲れてしまう。辛さに弱い日本人のお母さんの中には涙を流しながら試食されている方もいた。この韓国料理の先生、スーさんは時に粗忽者で、塩の代わりに砂糖を入れるというギャグを本当に教室で実践してくれたのも思い出深い。

焼き魚の主役はスズキとクロダイ

魚の話に戻ると、刺身や寿司（主に手巻き寿司）が食べたいと思った時は、多少値段は張っても日本の食材店で購入した。やはりおいしいし、品質も安心できる。主夫業の傍ら、ほそぼそとフリーで原稿を書かせてもらっていたので、イギリスの情報を得るため在留邦人向け情報誌（週刊ジャーニー、英国ニュースダイジェスト、*Japan Update Weekly*）を入手しに、木曜日はピカデリーのジャパンセンターや、キングストンの「ATARIYA」に寄り、そのついでに、刺身を買うことが多くなった。ただ、夕食に刺身だけというわけにはいかず、煮物か中華風の炒め物を合わせて作った。

焼き魚の主役は何といってもスズキ（sea bass）とクロダイ（sea bream）だ。いずれも白身で結構なボリュームがあり、親子3人だと2匹で十分だ。いずれも、普段は一匹4ポンド以上するが、2匹で4〜6ポンドのセールを頻繁にやっているので、これを利用した。単純なコストパフォーマンスだけで見ると、日本で買う鮮魚より安いかもしれない。

特にスズキの良いものは、ほんのりふっくらと甘みがありうまい。クロダイはやや臭みがあるが入手しやすく、土鍋ご飯、アクアパッツァなど、焼き魚以外にも活躍の場が広い。クロダイ、スズキとも普通は鱗を落とし、内臓を抜いて売っているが、時々未処理のままのことがある。頼めば処理してくれるが、店員がすぐには見つからないことも多い。また、未処理のことを気づかずに買ってしまうこともある。そんな場合に備え、鱗取りと出刃包丁は忘れずに日本から持参されたい。

サケは炊き込みご飯とのセットで料理することが多かった。イギリス人にとってはサケの尾頭付きのグリルはパーティーなどでの代表的なごちそうのようで、大きいのを一匹丸ごと売っているが、当家で買っていたのは焼き魚用の切り身か、パック詰めの半燻製品だ。スコットランド名物で、新鮮なものはおいしいが、お値段も高い。値段を確かめずに頼んだら3切れで7ポンドもしたことがあって、テスコのレジのおばさんに「これ本当に買うの」と言われたこともある。欧州では寿司の材料としても最もポピュラーだ。

薄切りのスモークサーモンもオードブル用にどこでも売っているが、それほど安いものではない。夏にはこれを使って押し寿司を時々、作った。

イワシは極めて安いが、鮮度は日本のものとは比べられない。サバも安くいつでも入手可能。ただ、何回も冷凍、解凍を繰り返したのか水っぽく、焼き魚にしてみたもののとても食べられないことがあった。竜田揚げ、サバ味噌と他の料理にも使えて汎用性が高いが、切り身ではなく、尾頭付きで丸ごと売っているのがほとんどなので、自分でさばく必要がある。サバを燻製にしたスモーク・マカレルも広く売られていて、これは妻が炊き込みご飯にしていた。キッパーはどこのスーパーでも売っているイギリス名産のニシンの燻製。軽く焼いて醬油をかければ、ご飯によく合う。生のニシンも冬になると出回るが、水っぽくて小ぶりなので、焼き魚にはあまり向かない。その他、アマゾン原産の淡水魚ティラピア、メカジキの切り身も焼き魚で試したが定着せず。

シシャモ、サンマ、太刀魚、サワラは韓国系スーパーで塩蔵処理したものがいつでも入手可能。塩気がきついので、間違えてもさらに塩を振ってはいけない。

イギリスの焼き魚事情で残念なのはアジ（horse mackerel）が簡単に手に入らないことだ。フランスの食品流通網の一部となっているスイスに住んでいた頃は、クロダイ、スズキをしのぐ回数で焼いていたが、ロンドンの普通のスーパーではまず見かけない。日系や韓国系のスーパーに時々入るが、高いうえに保存が悪いのか水っぽいことが多かった。基本的に暖かい海を好む魚なので、漁場からの流通コストがかかるのだろう。

ニジマスは中華蒸しで

焼き魚に次ぐ魚の料理法は煮魚で、最も頻繁に利用したカレイというのは主にプレイス

(plaice)という種類。このほか、カレイ・ヒラメ類ではダブ(dab)、ターバット(turbot)、スケート(skate、滑るスケートと綴りは同じだが関係ない)、レモンソール(lemon sole)などの種類が売られている。オヒョウ(halibut)は大型のヒラメの一種。一度だけ煮つけてみたが、繊細な味で最高においしかった。しかし、値段も最高に高い(一切れ約5ポンド)ので、一度きりの贅沢となった。

ホウボウの一種のレッド・ガーナード(red gurnard)もポピュラーな魚で、アクアパッツァにも使える。ただし、一度、焼き魚にしてみたが、水っぽくってダメだった。

ホイル焼きも結構な頻度でやった。これは、アルミホイルに切り身の魚を、ピーマン、キノコなどの野菜と一緒に包み、バターと醤油をかけて蒸す。手間がかからなくてよい。タラかサケを使う。タラはこのほか、冬になると寄せ鍋の材料として登場。寄せ鍋には時にアンコウも使う。これは美味なのはいいのだが、非常にお高いので、よっぽどの時でないと買わない(タラが品切れであるとか)。残念ながらアンキモは売っていない。

イギリスは日本と同じ四方を海に囲まれた海洋国で、魚介類が豊富なはずである。しかし、イギリス人はあまり海産物を食べないようだ。国連の統計などによると、一人当たりの魚介類の年間消費量は日本の57キロに対し英国は24キロ。欧州内で見てもドイツ(15キロ)よりは多いがスペイン(40キロ)、フランス(32キロ)に比べかなり少ない。イギリス料理としてタラなどの白身魚を揚げてフライドポテトと一緒に食べる「フィッシュ・アンド・チップス」が有名だが、これも起源は1860年頃と比較的新しい。その他はサバやニシンの燻製、サケの加工品が一般的なぐらいで、魚の食べ方、種類ともお世辞にも豊富とは言えない。基本的に一般のイギリス人は、魚と言えばサケ類とタラ類しか食べないと言っていいだろう。品ぞろえが悪いスーパーの魚売り場でも、この二つだけは必ずある。

イギリスの代表的な料理フィッシュ・アンド・チップス（写真・津田孝二／アフロ）

タラ類はフィッシュ・アンド・チップスの最も一般的な材料である。切り身の色が黄色っぽいタラ（cod）と灰色がかっているコダラ（haddock）があるが、味、値段ともほとんど変わりがない。コーレィ（coley）、ポラック（pollock）など似たような白身も並んでいるが、私には違いがよく分からなかった。フィッシュ・アンド・チップスにはこのほか先に挙げたカレイの一種、プレイスもよく使われる。

タラはかつて安い庶民的な魚だったらしいが、漁獲量の関係か、需要が伸びたのか、現在では決して安いものではない。持ち帰りのフィッシュ・アンド・チップスも、きちんとしたものだと8ポンドぐらいはする。ちなみに、わざわざ家庭でフィッシュ・アンド・チップスを作る人はまれで、基本的には外食のスナック。ただ、レトルトを電子レンジで温めて食べる人はいるようだ。

川魚はニジマスがほぼ唯一で、スーパーでよく安売りされている。日本のものに比べてかなり大型。生殖機能を止めることで魚体を大きくする3倍体という手法で養殖されていると思われるが、初めて見る人はびっくりするだろう。クロダイやスズキがない時に、焼き魚にできないかと工夫してみたが、肉にしまりがなく今一つ。そんな時、中華蒸しという料理法があるのを発見。これはなかなかいける味で定番化した。ニジマスの上に千切りにしたネギやニンジンを載せて、ゴマ油と紹興酒などで味付けて蒸すだけ。簡単なのに味も見栄えもいい。ウナギはイール・パイなどとして食べられる庶民的な食材で、スーパーではゼリー状にしたものを売っているが、日本のかば焼きと比べてはいけない。

せっかく西洋にいるのだからとムニエルも作ってみた。魚はドーバー海峡でとれるのが最高とされるイギリス名物の舌平目とニジマス。作ってみればそれほど難しい料理ではないが、バター味の焼き魚はどうもご飯に合わず自然とメニューから消えた。

エビフライも相当作ったが、手間がかかるので週の初め、気力の充実している時に限られた。エビフライ用のエビ（生、冷凍とも）はコリア・フードなどで購入、一般のスーパーでは頭を落としてから茹でたむき身しかないことが多かった。ただ、スコットランド名物の小型の手長エビ（langoustine）なら普通のスーパーでも尾頭つきである。これはパエリアで使った。甘みがあって美味、高くないがいつも売っているとは限らないのが難点。なお、イギリスで売られているエビは日本とは処理の仕方が違うせいか、アレルギー反応が出る人もいるという。体質的に過敏な人は気をつけてほしい。

カニはワタリガニがコリア・フードなどに置いてある。フランス語圏ではトゥルト（tourteau）と呼ばれて、海鮮盛り（fruit de mer）に登場する。ただ、日本で食べるズワイ、タラバ、ケガニなどと比べると、肉質もカニみそも今一つ。何回か茹でてみたが、お値段と見合わないこともあって、なかなか続かなかった。タラバ、ズワイの類は日系スーパーで冷凍ものに恐ろしい値段がついている。

オイスターカードは使ってもカキは食べない

貝といえばカキ。日本のスイカやパスモに当たるロンドンの乗り物用ICカードは、オイスターと呼ばれるが、これはテムズ川河口で昔からカキがとれたことや、二枚の貝殻で守られた安全性、さらにはシェークスピアの「ウインザーの陽気な女房たち」に出てくる「この世はカキ」（This world is your oyster＝誰にでも機会は開かれている）という一句からの連想で採用されたという。それぐらいロンドンではカキは一般的な食べ物だ、というのは誤りである。

子供のためのNGO、セーブ・ザ・チルドレン（Save the Children）の調査によると、イギリス人が最も嫌いな食べ物はカキ（47％）。レバー（46％）、アンチョビー（45％）、豆腐（43％）、ブラック・プディング（血を材料にするソーセージ、40％）を抑えて堂々たるトップである。

ロンドンの中心部にはオイスターバーがあって、結構なお値段ながらそれなりのカキが食べられる。旅行ガイドなどにはロンドンの名物としてカキを挙げているものまである。しかし、郊外や地方の小都市ではまずそんなものはない。イギリス人でカキを食べるのは、おしゃれでお金持ちで好奇心が強い特殊な人なのだ。

イギリスでは殻つきの生ガキが一部に流通していて、モリソンズやウエイトローズなどに並ぶこともある。ただ、魚介売り場の片隅にほんの数個が置いてあるだけ。韓国系スーパーにも置いてあるが、普通のイギリス人がわざわざ買いに来ているとは思えない。

ロンドンに来た当初、最初にウエイトローズでカキを見つけ、喜び勇んで買おうと思ったが、カキを開ける道具がないことに気がついた。店の人に聞くと、普通のナイフで開けられるようなことを言っていたが、ジュネーブ時代、さんざんカキをむいた経験から、専用ナイフがないと難しいことを知っていたので断念。結局、専用ナイフはロンドンでは入手できず、パリに旅行した際、ようやく普通のスーパーで手に入れた。

準備が整ったところで、コリア・フードでめでたくイギリスで初めてのカキを購入。舶来品のナイフで殻をむいて、家族と楽しんだが、妻と娘は「なんとなく食べてから調子が悪くなった」と言って、その後は食べるのを控えるようになった。一人で食べるのもなんなので、そのまま自然と当家のメニューから消えた。

ケント州のウィッタープルはカキで有名

イギリス国内のカキ養殖場の衛生管理に不備があるとの報道もあったが、流通量が少なく商品の回転が遅いのも、品質が安定しない要因の一つだろう。加熱すればいいのかもしれないが、わざわざ生ガキを買って、苦労して殻をむいてから火を通すのはバカバカしい。鍋や炊き込みご飯に入れるなら冷凍品で十分である。

古代のイギリス人はカキをもっと食べていたらしく、海辺の遺跡では大量のカキの貝殻が発見されるという。今でも海辺ではカキが食べられていて、エセックス州のウエスト・マーシー

（West Mersea）、ケント州のウィッツターブル（Whitstable）などカキで有名な街もある。夏が旬のイワガキも多いので、一年中、楽しめるのもいいところだ。

カキが好きな私は当然、両方とも訪れている。確かに海辺のカキは新鮮でうまかった。ロンドン市内の専門店に比べても割安である。

ただ、いくら海辺でも生ガキ以外のものに過度な期待を寄せてはいけない。

ロンドンから割と気軽に行ける海辺の観光地にワイト島がある。ロックファンならジミ・ヘンドリックス、ザ・フーなどが伝説のステージを繰り広げた1970年の第3回ワイト島フェスティバル、ビートルズの「涙の乗車券」ゆかりのライド港（原題の ticket to ride の ride は、ワイト島行きのフェリーが到着する Ryde にひっかけたもの）などでおなじみだろう。日本なら江の島か熱海といった感じの場所だ。

当然シーフードも売り物となっていて、シーフード・プラッターが有名という店を探して行ってみた。ようやく見つけたレストラン、生ガキはまあまあだったが、残りは茹でたエビや貝、燻製のニシンなどなど。なにも海辺で食べなくても、という内容であった。

茹でたロブスターをつつく男

海産物を食べる習慣があまりない一般のイギリス人が魚介類に疎いことは想像に難くな

い。先に紹介したウィッタープルに行った時のエピソードを紹介しよう。天気の良い夏の休日、海辺の露店には生ガキとともに、茹でて真っ赤になった大型のロブスターも並べられていた。そのロブスターを指でツンツンとつついている若いお父さんがいて、その様子を息子が少し離れたところで、怪訝そうに見つめていた。「商品を指で勝手に触っていいのか、店の人が怒るんじゃないか」と、心配になったが、しばらくして露店の店員が姿を現すとそのお父さんはおもむろに聞いた。

「これ生きているのか」

店員は笑いながら説明を始めた。

それを見て私も心の中で喝采を送った。

そうか。今やっと分かったよ。若いお父さん。君は甲殻類を茹でると死んで赤くなることを知らなかったんだね。恥ずかしがることなんかないんだよ。今までそういうことを知る機会がなかっただけなんだね。今、君と息子さんは新しい知識を手に入れたんだ。僕にも祝福させておくれ。よかった、本当によかった。

スペイン領カナリア諸島での出来事も忘れがたい。ホテルでクリスマスディナーが催され、北イングランド出身のイギリス人六人と一緒のテーブルに案内された。ビュフェ開始と同時にスペイン人、イタリア人ら大勢の客がロブスターやカニの前に列を作る。われわれ一家もようやく自分たちの分を確保。十分食べて満足してから、ふと同じテーブルのイギリス人たちを見ると、全員、牛や豚のステーキのようなものだけを食べていた。パリのカキで有名なレストランでステーキを注文していたドイツ人夫婦を思い出した。海洋資源保護の観点から、イギリスやドイツの伝統的食習慣が長く続くよう願いたい。

さて、イギリスのスーパーで最も普通に売られている貝はマッスルという英語名がついているムール貝だろう。問題は2キロ単位で網袋に入れて売っていることで、三人ではとても食べきれない。冷凍できないことはないが、やはり味が落ちてしまうので、残すのが嫌になってこれも食卓から遠ざかっていった。

アサリは韓国系スーパーで買う。「砂抜きがされておらずひどかった」という話も聞いたことがあるが、私には問題があったことはない。200グラムで7ポンド前後と、とにかく高いのでやたらには使えない。鍋に入れたりするが、下手するとほかの材料を全部合わせたよりも高くなる。棒のような形をしたマテ貝もいつも韓国系スーパーに売っていて、バター炒めにしたことがあるが、次にはつながらなかった。

イカ・タコの類は韓国系スーパー、または魚介類が豊富なモリソンズで買えた。コリア・フードではイカの下足がパックされて売っていて、鍋に入れたり、焼き肉の時に一緒に焼いたりと重宝した。パックから漏れると臭いがきついのが難点。小ダコもパックで売っていて当家ではおでんに入れた。スーパーで入手したイカやタコは、茹でてからレタスとあえてサラダにしたり、キムチと混ぜたりして食べることが多かった。

乾物では味噌汁用の煮干し、昆布、わかめ、ノリなど安い韓国産が手に入った。空前の日本食ブームなので、寿司に使う食材は小さなスーパーでもだいたい扱っていて、ノリも品質に強いこだわりがなければ入手は容易。ヒジキも健康食品として一部の地元スーパーで売られている。イギリスでは西部のウェールズでノリを食べる習慣があり、ペーストにしてパンに塗る。味は酷いとは言わないが、話のタネにお土産程度で十分なようだ。

臭う肉も胡椒をかければ

全般的に魚介類は高いので週1、2回が限度で、残りは肉料理が中心となる。その中でも頻度が高かったのは鶏肉。日本のものに比べ脂分が少なく、胸肉だとパサパサした感じになるのでもっぱらモモ肉を使った。イギリスでは日本とは逆に、胸肉のほうが人気があり値段も高い。コストパフォーマンスを考えれば、丸ごと一羽が一番。スーパーの棚にびっしりと並んでいる様子は壮観だ。小型のものなら一羽3－4ポンド、日本なら同じ量で3倍はする。モチ米を詰めて焼くのが定番となった。手羽先も4ポンド程度でたっぷり3人分ある。

豚肉もお得感があった。やはり、脂分は日本のものより少ない。切り落としも売っているが、それよりも肩肉を買って自分で切ったほうがずっと安くてうまい。羊は春が季節とされていて、この時期のラム・チョップ（子羊の骨付き肉）はフライパンで焼くだけでも十分においしい。フィレステーキは少し高いがこれも美味。大きな塊でも売っていて、肩肉をマリネしてからトマトなどの野菜を添えてオーブンで焼くとごちそう風に見える。

さて、最後は牛肉。煮込み用や切り落とし、ひき肉はもちろん、ステーキ用としてはサーロインやリブ・アイ（ribeye＝リブロース）などを売っている。メダイヨン（medaillon）ステーキと称し妙に安く売っているのは、単にメダルの形に丸く切った固い肉である。焼肉用にはコリア・フードでカルビ、プルコギ（ロース）、牛タンなど豊富にそろっていた。しゃぶしゃぶ用の薄切り（羊、豚もある）もコリア・フードで手に入った。牛肉は日本のように脂身より、肉そのものの味を楽しむのが主流。ただ、フランスのように（最近には日本でも一部ブームのようだが）熟成した肉を味わう習慣はないらしく、冷蔵庫に入れておけば結構、日持ちがする。

スイス（ジュネーブはフランス語圏で、フランスの流通網の一部に取り込まれている）ではそうはいかなかった。着任当初は単身赴任で、平日は忙しくて買い物に行けず、1週間分の食料を週末にまとめ買いをして冷蔵庫に入れておくことが多かった。しかし、次の週末が近づくと鶏、豚に比べて持ちがいいはずの牛肉もなんとなくヌルヌルしてきて、臭ってくる。どうしたものかと思案しているうちに、大航海時代、西洋人は肉の保存剤としての胡椒を求めてはるか南方まで探検に出かけたという話を思い出し、胡椒を大量に振りかけてみた。確かにどうにか食べられるようになる。先人の知恵に感心すると同時に、そこまでして傷んだ肉を食べる必要があるのだろうかと、自問自答したものだ。

イギリスを代表する料理と言えば、ローストビーフである。オーブンの火加減だけは、各家庭によって違うので何回か試してみる必要があるが、別に難しい料理ではない。ネットで公開されているレシピを見ながらやれば普通に仕上がる。最大の問題は食べきれないこと。３人家族だと１回作れば、１週間は残る。毎回食卓に出しても、だんだん誰も箸をつけなくなり、最終的には製造者責任原則で、全部自分で食べることになる。

ある年の正月、黒豆（韓国系スーパーで売っている）を煮た時も、製造者責任原則で同じようなつらい体験をした。毎日、食べてもなかなか減らない。３月になりついに酸っぱくなり食用に適さなくなると、ようやく捨てることができ本当にうれしかった。

加工肉ではベーコン、ソーセージ、ハムなどイギリス産が豊富に出回っている。ベーコンは朝食用、レンジでカリカリにして出す。ストリーキー（streaky）と書いてあるのが日本のベーコンとほぼ同じ種類だ。

問題はソーセージ。イギリスのソーセージはドイツ製のように肉100%ではなくて、パン粉や動物性脂肪などが混ぜてあってグニャグニャしている。ハーブなども混ぜてあるようだが、味も歯ごたえも慣れた人間でないとつらい。しかし、このソーセージで育った娘は帰国後、その味を懐かしがっている。慣れとは恐ろしいものだ。

そこまで舌が現地化しなかった私は、いろいろ試した結果、ポーランド製のものが一番、日本のものに近いことを発見、頻繁に利用した。娘の小学校のあったローハンプトン（パトニー・ベイル）はポーランド系移民が多い地区で、同じ地区のアスダは豊富なポーランド食品の品ぞろえがあった。ドイツとほぼ同じ製法のようで、安くてうまいので重宝した。

卵は確かめずに買ってはいけない

卵は世界中どこでも、ほぼ同じ味が保証されている稀有な食品とされるが、それでも多少の違いはある。まず、イギリスでは殻が白い卵は売っておらず、ほぼすべて茶色である。白い卵はアヒルの卵ぐらいで、これは一回り大きくて殻も固い。また、卵のパッケージには必ず「free range」と書いてある。放し飼いの意味で、狭い鶏舎に閉じ込めているわけではないことを誇っている。

気をつけなければならないのは、割れているものを買わないこと。中身が見えない紙製のパッケージを必ず開けてすべての卵を確かめなくてはならない。

ロンドンに来た当初、スーパーの卵があまりにも割れているので、「これは店に知らせたほうがいい」と思い、店員を呼び止めて、「あのお、卵がたくさん割れているんですけど」と言ったら、きょとんとされた。後になってその時の反応は「卵が割れているなんてあたりまえじゃん。なんでそんなことで忙しいあたいを呼び止めるんよ」という意味であることが理解できた。

割れているだけではない。庶民的スーパーなどで買うと、紙製のパックに卵の底が張りついてしまっていることがあり、いざ、ケースから出そうと指で卵を挟んで引っ張ると、殻が割れて中身が流れ出してしまう。殻も日本のものより柔らかいようだ。こういう悲劇を防ぐには、卵を全てケースから持ち上げてみる必要があるが、いちいち、面倒でやってられない。卵を割ったら腐ったヒヨコが出てきたという話も聞いたことがあるが、私は体験していないのでこれ以上の言及は控える。

卵といえば、英語でなぜ目玉焼きをフライド・エッグ（揚げ卵）というのか不思議に思っていたが、ある時、ホテルで調理しているところを見てようやく理解できた。とにかく、フライパンに油を大量に引いて、焼くというより揚げるのだ。イギリス人と結婚したある日本人女性も、旦那さんに目玉焼きを作らせると、もの凄く油を使うと文句を言っていた。

イギリスをはじめ欧州の牛乳は低温殺菌で、高温殺菌の日本のものより味はいい。ただ、当家は紅茶に少し入れたり、ホワイトソースやスープに使ったりする程度なので、一番小さな1パイント（約568ミリリットル。パイントはパブでビールを頼む時の単位と同じ）入りでも、3日間では使いきれないことが多かった。

低温殺菌なので当然日持ちは悪く、封を開けて3日前後でおかしくなる。ただ、おかしくなったかどうかは、飲んでみないと分からない。おおむね3日ごとの試飲の結果は、甘みが増したり（そのまま置くとドロドロとヨーグルトのようになる）、酸っぱくなったり、どういうわけか鰹節のような味がしたり、はたまた苦くなったり、と予測がつかない。

一度、開封して2、3日目の牛乳を、何気なく紅茶に入れて飲んだことがあった。「今日はレモンティーにしたんだっけ」などと思いながら、よくよく考えてみると、レモンなど入れたわけがない。牛乳がほどよく酸っぱくなっていて、レモンの酸味に似た風味になっていたのだった。

「スーパーで買った牛乳が封を開けた時からおかしかった」という話も聞いたことがあるが、私は未体験。まだ大丈夫と思い、残っていた牛乳を一気に飲んで腹の調子がおかしくなったこともあるので、試飲は最低限にしたほうがよいだろう。便秘気味の時に少しおかしくなった牛乳を下剤代わりに飲む人もいるそうだが、自己責任でお願いしたい。

牛乳を急に少量だけ使いたい時のために、ロング・ライフ牛乳を常備しておくと便利である。開封しなければ、1年程度は保存できる（こちらは500ミリリットルと、メートル法で表記されている）。ただ、一度開封すればあっという間にショート・ライフ牛乳に変身して（空気中の雑菌が入るらしい）、やはり3日ぐらいが限度だ。

時々チーズも買った。イギリスにも青カビ系のスティルトン、ハードタイプのチェダーなどがあるが、スイスなどのチーズに比べると味が薄く、臭いも弱い。英語には「夜にチーズを食べると悪夢を見る」という言い回しがあるぐらいで、本当はあまりチーズが好きでないのだろう。フランス人が毎晩、悪夢にうなされているのを想像して、喜んでいるのかもしれない。

野菜嫌いのベジタリアン

魚と肉、乳製品だけでは当然、食卓は成立しない。栄養バランスも悪いし、胸やけもする。もちろん、イギリスのスーパーにも様々な野菜が並んでいる。見慣れた野菜も多いが、微妙に違うところもあって、料理をする際には注意を要する。

一般論として、イギリス人はあまり野菜を食べない。娘が当家に連れてくる友達なども緑の野菜にはほとんど手をつけない。スーパーのレジに並んでいると、つい他人のカートの中をのぞいてしまうが、肉やら冷凍ピザやら清涼飲料水やらが山積みになっているのに、野菜はゼロということも珍しくない。もともと、イギリスは冷涼な気候にやせた土地で野菜栽培に適しているとはいえないので、こういう食習慣も仕方ないのだろう。

長くイギリスに住む外国人に聞くと、昔は野菜といっても本当にジャガイモとニンジンぐらいだったが、ここ20年ほどでいろいろな野菜が手に入るようになったという。ただ、国連の統計によるとイギリスの一人当たり年間の野菜消費量は91キロで、中国（270キロ）、韓国（211キロ）、日本（104キロ）の東アジア諸国はもちろん、アメリカ（123キロ）、フランス（142キロ）よりも少ない。

イギリス人はあまり野菜を食べないのにベジタリアンが多い。いろいろな推計や定義があるが、イギリスのベジタリアンは多めに見て全人口の15％程度とされる。一方、隣国のフランスではせいぜい2％程度。食べることに人生を賭けるフランス人にとって肉食をやめるのは至難の業だが、もともと食事に執着しないイギリス人は、健康や主義主張のため食生活を改めるのに躊躇がないと推測される。

全世界の菜食主義者の40－60％を占めるインドからの移民が多いという点もイギリスの特徴として指摘する必要があろう。ただ、インドの菜食は社会階級制度のカースト制度と絡んでいて、欧州土着のイギリス人とは同列には語れない。ジュネーブの特派員時代に、図々しくて周囲から疎まれていたインド人記者がいた。上層のカースト出身のベジタリアンであることが自慢で、違うカーストのインド人を「あいつら肉を食っているんだ」などと揶揄していたが、あまり聞いていて気持ちのいいものではなかった。

食を重視することではフランスと双璧のイタリアでも、ベジタリアン比率10％程度とかなり多い。ただ、イタリア料理は野菜だけでもしっかりとした一品となっているし、イタリア独特の柔軟な解釈も数字の押し上げを手伝っているようだ。日本でも肉を食べない人が９％程度いるとの調査もあるが、かつては肉食が一般的ではなかった日本では、伝統的な食生活をすると自然に、一種のベジタリアンになってしまう。

イギリスで買う野菜は、品種改良で独特のえぐみや風味がなくなっている日本の野菜に比べ、明らかに野菜本来の味がある。ただ、南欧やモロッコなどからの輸入品がほとんどなので、イギリス人が本当にこれを好んでいるかどうかは別の話だ。

また、輸入品が常に入ってくるので、スーパーにはいつも同じ野菜が並んでいてあまり季節感はない。価格は相当に安い。もちろん、品質にはばらつきがあるが、こちらも肉と同様、単純に重量・価格比だと日本の３分の１以下という感じだ。それでは、個別の野菜について。

キャベツは何種類もあるが、日本風の千切りにしたければ、先のとがった三角錐のものを選ばなくてはいけない。テスコには日本でもなじみのある円いキャベツが出ることもある。普通に置いてあるキャベツは煮込み用なので、どんなに細く切っても生で食べると硬いままだ（スイスで再三、試みた）。芽キャベツも一般的だが、個人的にあまり好きではないので、数回茹でただけである。

白菜、もやし、チンゲン菜（park-choi）などの中国野菜も普通のスーパーで買えるが、餃子には欠かせないニラは、韓国系スーパーにしかない。日持ちが悪いのに大きな束でしか売っていない。春菊も時々、コリア・フードに出るが、これはニラよりもさらに大きな束でしか売っていないので処理に困った。

ホウレンソウは、葉だけをちぎって売っている。軟らかいので、お浸しにするには熱湯をかけるだけで十分。砂がついていることも多いので、サラダとして売っているもの以外は水洗いが必要だ。日本風の赤い根っこのついた歯ごたえのある種類（トルコ人がお好みらしい）もコリア・フードなどで買えた。

レタスはアイスバーグ（iceberg＝氷山）といわれる日本風の丸玉に加え、サニーレタス風のものなどいろいろな種類がある。葉物ではルッコラなどイタリア風の野菜などを入れて、ひとまとめにしたサラダが1袋1ポンドから1・5ポンドで売られていて重宝した。ブロッコリーはカーター元米大統領ほどではないものの、個人的にはあまり好きではない。

ただ、緑黄色野菜の摂取に並々ならぬ意欲を示す妻との関係上、週に1回は蒸して（茹でるより調理も簡単で、栄養価も保持される）、そのままマヨネーズをつけて食べたり、炒めものの材料に使ったりしていた。火を通しても3日ぐらいしかもたない（ヌルヌルしてくる）のが日本のものと違う。見た目では品質が分からないのも困りもので、あまり好きではない私が食べてもおいしいと思えることもあれば、カスのように味が抜けていることもある。

ウェールズを代表するネギ

ネギには太くてリーク（leek）といわれるものと、小ぶりのスプリング・オニオンがある。リークは日本の長ネギに比べ硬いうえに、味、香りとも気が抜けたような感じ。ウェールズを代表する植物だそうで紋章などにも使われているが、国を代表する植物がネギというのはねえ、との感は否めない。スプリング・オニオンは日本のネギの感覚で使えて重宝するが、あまり辛味はない。オクラ（okra）はアフリカ系の人が好んで食べるので、高級スーパーよりも、移民が多い地区のスーパーに置いてある。とにかく巨大なのがキュウリ。日本の3倍ぐらい、味も水増しされている感じで皮も硬い。

トマトはいろいろな種類があるが、いずれも輸入品で、畑で完熟したものが並ぶことはなく味が薄い。たまにミニトマトで非常に味が良いことがあるが、これも見た目や値段では全く分からず、買ってみてのお楽しみとなる。ナスはアメリカのようにエッグ・プラント（egg-plant）という名前ではなく、オーバジン（aubergine）というフランス起源の名前で売られている。スーパーの店員でも発音できない人がいるぐらいで、あまり一般的な野菜ではないようだ。日本のナスの3倍ぐらいの巨大なものが主で、大きさに反比例して味に締まりがない。

カボチャは種類が違うのか水っぽく煮崩れする。日本風に食べたい場合は、電子レンジで水気を飛ばしながら加熱するとそれっぽくなるが、そこまでしてカボチャを食べたいわけでもないので、次第に買わなくなった。カボチャの仲間のズッキーニはフランス語のクルジェット（courgette）の名前で売られている。私はビビンパに使うぐらいだったが、妻は好んで購入していて、冷蔵庫に残ったものを処理するのが私の役目だった。

豆の仲間ではサヤエンドウ（マンジュ・トゥ mange-tout＝全部食べるという意味のフランス語）や、サヤインゲン（green beans）などがいつも出回っていた。春から夏にかけて出る生のグリーンピースは軽く茹でて食べるとおいしい。トウモロコシはおやつ用に時々、蒸していたが、品質は安定せず。アスパラガスもいつもある。スイス時代に時々食べた春を代表する野菜、白アスパラガス（元はドイツのもの）もモリソンズなどに入ってきたが、高くて気軽に買えるものではなかった。

ジャガイモは種類が豊富だが、カレーに入れたり、肉じゃがを作ったりするには焼き物用がいいようだ。サトイモはエディ（eddoe）として大きなスーパーで売られていて、レジでアフリカ系のおばさんに「私もこれ好きなの」と言われたことがある。一度、代わりにタロイモ（アフリカや南洋諸島では主食とされている）を使ってみたが、パサついていて無理だった。サツマイモはいろいろな種類があるが、時にひどく水っぽいことがあり、次第に疎遠になった。

玉ネギは日本のものよりかなり辛く、切っても水気があまり出ない。赤玉ネギは基本的にはサラダに彩りを添えるために使うが、火を通すと赤い色がなくなる。普通のものより甘みが強いようだ。小型のエシャロットも一般的。

ニンジンは主にイギリス産で、日本のものより淡泊な味。生で食べる人も多いが、皮をむいたりはしないようだ。カブはターニップ（turnip）の名前で出回っていて、首の部分が緑色なのが特徴。日本のものより煮崩れしやすい。大根はインドのヒンズー語起源のムーリ（mooli）の名前で売られている。日本のものよりもずっと小型で、大根おろしにしても全く辛くない。韓国系スーパーではレンコンも買えた。

ゴボウは、細切りの冷凍物を使っていたが、日本食ブームのためか、韓国系スーパーなどに生鮮物も並ぶようになった。しかし、お値段は結構なもの。

ニンニクはイギリス料理ではあまり用いないが、もちろんどこでも手に入り安い。日本のものより成分的に強いらしく、受け付けない人もいるという。面白いのはショウガで、欧州では基本的にお菓子の香りづけなので、野菜ではなく、果実コーナーに置かれていることが多い。日本のものに比べて味が薄く、日本に帰ってイギリスの感覚でカレーに大量に入れたら、ショウガカレーのようになってしまった。

キノコはいわゆるマッシュルームが主。白いものから茶色のものまで、小さいものから大きなものまでそろっているが、味、香りとも大差はない。イギリスでは他の欧州諸国に比べキノコも一般的ではないらしく、秋になると欧州大陸から輸入されたアンズタケ(chanterelle、フランスではジロール girolle の名前で出回っている)、ヤマドリダケ(ceps、フランス語でセップ cèpe、イタリア語でポルチーニ porcini)が並ぶ。

シイタケもシイタケ・マッシュルーム(shiitake mushroom)として普通に売られるようになった。ジュネーブではシイタケ・ド・パリ(shitake de Paris)として売っていた。

このほか、エノキダケ、シメジ、エリンギも普通にスーパーで買える。ヒラタケもオイスター・マッシュルーム(oyster mushroom)として売られている。

なじみのない野菜もゾロゾロ

ここまでは、おなじみの野菜を並べてみたが、このほかあまり日本では見慣れない野菜もあった。イギリス伝統のもの、外国から来たものと出どころはいろいろ。一通り試してみたが、最終的な結論としては、やはり世界的に普及した野菜は、万人に受け入れられるだけの優れた特性、味、使い勝手の良さがあるということに落ち着いた。

葉物では「spring greens」「fresh greens」などと名づけられている葉野菜がある。「collard」という種類らしい、生のままだとビニールシートのようだが、30分ぐらいグタグタ煮ると軟らかくなって、お浸しとして使える。ただ、そこまで燃料費を使うのなら、最初からホウレンソウに熱湯をかけたほうが安上がりだ。

イギリスのスーパーで最初にびっくりしたのは、白いニンジンがあったこと。しかし、これはニンジンではなく、セリの仲間のパースニップ（parsnip）という。イギリス人は薄く切ってカリカリに焼き、付け合わせにしているが、パサパサして味があまりなく、無理して食べる必然性が感じられない。すりつぶしてスープにするのも一般的だが、家で作る気にはならなかった。

スウェード（swede）はカブのお化けみたいなもので、こちらは首の周りが紫色なのが特徴。名前から分かるようにスウェーデンから来た野菜で、かつては飢饉の際の食料として欧州大陸で重宝されたが、現在食べるのはイギリス人だけのようだ。硬くてなかなか切れないうえ、ザラザラした舌触りの気の抜けた味。ポトフなどに使ってみたものの長続きせず。

スクワッシュ（squash）というひょうたん形のカボチャもある。普通はスープにしたり、中に何かを詰めて焼いたりするようだ。煮物にしたらドロドロになってしまい、泣く泣く飲み込んだ記憶がある。

マーロー（marrow）という、縞模様のあるキュウリの化け物のようなものもスーパーの定番。「骨の髄」を意味する語だが、その名のとおり、中は軟らかい。アガサ・クリスティーの推理小説に出てくるベルギーの探偵、エルキュール・ポワロが趣味で栽培しているということで有名らしい。味はキュウリが水膨れしたものと思ってもらえば間違いない。

ルバルブ（rhubarb）という赤いフキのようなものもある。これは、スイス時代からなじんでいて、砂糖を少し入れて煮崩すとデザートになる。酸味が強く、あっというまに煮崩れるので、きゃらぶきにするのは不可能だ。砂糖煮の食べ方はおいしいのだが、なかなか食べきれず、最後は全部、自分で処理、ということが続いたので、買わなくなった。

財布にやさしい果物

果物はとにかく安い。こちらは単純比較で日本の5分の1以下という感じだ。もちろん

スーパーの店頭に並ぶ果物

質は安定せず、日本で言えば全てが訳あり品。とんでもない味のこともあるが、当たればいわゆる木成りで驚くほどうまい。春から夏にかけてはイチゴ、さくらんぼ、ブルーベリー、ブラックベリー、ラズベリーなど安くておいしい地物が出てうれしくなる。グリーンゲイジ（greengage）という小さな緑色のプラムは日本では見かけないが、これは家族中で評価が高かった。元はフランス産で王妃クロード（Reine-Claude）というそうだ。

夏から秋にかけてはリンゴと洋ナシ。リンゴはコックスをはじめいろいろな種類があり、素朴で懐かしい味がするが、絶賛するほどおいしいかといわれると疑問がある。リンゴはオーストラリアなど南半球からの輸入品もあって、一年中、店頭に並ぶ。イギリス人は皮をむかずにそのまま食べる。

個人的にはイギリスの秋で一番おいしいのはイチゴだと思う。イギリスのイチゴは春と秋と2回の収穫期がある。イチゴは春の果物で、秋に出ているのは冷凍物と思い込んでいる人が多いのか値段も安く、味や品質も春ものより優れているのではないかとさえ思う。

このほかの果物は、基本的には輸入品。関税が低いのでかなりお買い得な感じだ。かんきつ類ではいわゆるオレンジのほかに、サツマ、マンダリンといった名前で日本の温州ミカンによく似たものがある。パイナップル、マンゴーは安くて、特に冬に他の果物がなくなる時期は重宝した。バナナやメロンももちろん山のように積み上げてある。ライチー、ランブータン、パパイヤなども入ってくる。

日本風のカキ、ナシもあるが、品質が一定しない。クリも切れ目を入れてフライパンで炒って食べるとおいしいが、悲惨なほど悪いものにあたることがある。

見た目はフランスパンなのに

穀類系でまずはパンについて語らざるを得ないだろう。妻は朝食を出勤してから会社で食べていたので、朝食は基本的に私と娘の二人分だけ。パンと、ソーセージ、ハム、または卵、それにサラダが基本で、前日の残りや、気まぐれで買った菓子パン類などで変化をつけるという感じだった。

標準的なイギリスのパンは日本の食パンを小型にした形で、トーストすればそこそこ食べられる。ローマ時代の浴場で有名なバース近郊のホテルで出たトーストなど今でも思い出すぐらいおいしかったが、サンドイッチにすると、歯にねちゃついて、あまり感じが良くない。先に書いたとおり、イギリス人はソーセージにもねちゃつく混ぜ物をするので、ねちゃねちゃが性に合っているのだろう。

スーパーでもフランス風のバゲットの形をしたパンを売っている。しかし、外見と裏腹に、中身は完全なイギリス風である。一説によると、石灰質の痩せた土地に育つイギリスの小麦は、重くて粘り気があるため、フランスのパンのようにふわっとした仕上がりにならないという。韓国人が焼く日本風のパンが韓国系スーパーなどで手に入ったが、日本人にはこれがベストのようだ。

ちなみに、ロンドン郊外では、個人経営のパン屋はほとんど駆逐されてしまい、スーパー、または高級フランス風カフェのチェーン店で買うしかない。手ごろな値段で、おいしいパンを求めるのは事実上不可能だが、あまりイギリス人は気にしていないようだ。それでも時々、古くからの地元のパン屋が残っていることがある。そんなパン屋をニュー・モルデンで見つけて試してみたが、わざわざパン屋で買うこともないようなパンであった。

皆スーパーで買うわけである。

米はイタリア産、カリフォルニア産の長粒種が出回っていて、日本人には「ゆめにしき」という銘柄が一番人気がある。ただし、かなり高いので韓国人用に売られている「アリラン・サル」という銘柄に切り替えてしまった。同じ米でも、日本人向けにパッケージすると値段が高くなるとの噂だ。

片栗粉はジャガイモの粉、コーンスターチで代用できた。

紅茶はがぶ飲みするけど

イギリスの飲み物といえばまず思い浮かぶのは紅茶だろう。スーパーのプライベートブランドから、トワイニングなど日本でも有名な高級ブランドまで、いろいろなティーバッグがスーパーの巨大な棚からあふれんばかりに置いてある。当家ではヨークシャーゴールド「Yorkshire Tea Gold」という銘柄を買っていた。

昔はどうか知らないが、現在のイギリスでは、ハロッズ、フォートナム&メイソンなどの高級デパート、ケンジントン宮殿やバッキンガム宮殿、ウェッジウッド博物館など結構なお値段のティールームでもティーバッグで紅茶が出てくるのが普通になっている。ロンドンの水は、日本の軟水と違いミネラル分が多い硬水だし、日本に比べお茶を濃く出すのが基本なので、明らかに日本とは違う味だ。ただ、とりたてておいしいかと言われると疑問である。

紅茶についてミルクは先か後かなどと紅茶の淹れ方にこだわるイギリス人の話が日本のイギリス紹介本によく出てくるが、相当特殊な場所でない限り、ティーバッグに適当に熱湯を注いでいるだけにしか思えない。ミルクは猫舌のイギリス人が紅茶の温度を下げるため、わざと冷たいものを使っているようだ。

しかし、いくらイギリスの紅茶が気に入らなくても代わりにコーヒーを頼むのはやめたほうがいい。さらにつらい目に遭うことが多いからだ。当家の近くにあるナショナルトラスト管理のモーデン・ホール・パークはなかなか素晴らしい公園だが、ここのカフェのコーヒーは記憶に残る中では最悪である。一度頼んで酷い目に遭ったのを失念して、もう一度頼んでしまったので、一層深く記憶に刻み込まれている。

紅茶はイギリスの国民的な飲料で、多くの人ががぶ飲みしているのは事実だが、イギリスの紅茶がおいしいという話は、日本のファッション系雑誌やガイドブックなどでは見かけるものの、寡聞にして欧州大陸では聞いたことがない。自分で飲んだ範囲だけでも、パリのサロン・ド・テ（高級カフェの総称）や、スペイン南部のグラナダ、欧州を少し離れるがトルコのイスタンブールの紅茶は、イギリスのものよりはるかに味、香りとも優れていたと思う。日本人の間でアフタヌーン・ティーの聖地とされているウーバン・アビーというマナーハウス（大邸宅）があるが、現地では紅茶に関する展示は見当たらなかった。

ちなみに、ローリング・ストーンズのリブ・ウィズ・ミーという曲は「僕には変な癖がある。お茶を3時に飲むんだ」と歌い出されていて、当初は何のことを言っているのかさっぱり分からなかったが、イギリスでは午後のティータイムは4時と決まっているのだそうだ。かつては日曜日の4時になると、ドライブをしていた車が一斉に路肩に止まってお茶を淹れ出したというが、今やそんな光景は見られない。

さらに、ついでだが昼食も1時と決まっている。叙情派プログレの雄、ジェネシスはアイ・ノウ・ホワット・アイ・ライクという曲の冒頭で「1時になった。昼食だ」と、正しいイギリスの習慣について歌っている。

成年男子はビールが主食

自宅で飲むアルコールはもっぱらビールとワインで、ともに主な入手経路はスーパーだった。

ビールはご存じのとおり、イギリスではエールが主流。日本で一般的なドラフトとは違って独特の苦みがあり、常温に近い温度でゆるゆると飲むのが基本。スーパーでもいろいろ売っていて一通り試してみたがあまりなじめず、最終的にはドラフトタイプに戻った。大抵は安売りをしている「ホルステン」（Holsten）というドイツのビールを買っていた。

ビールはイギリスの国民的な飲料というより、成年男子にとっては主食といえるだろう。リキッド・ランチ（液体昼食）という言葉もある。パブではほとんど食べ物やつまみをとらず、延々と飲んでいる。時々、１杯１パイント（約５６８ミリリットル）のお値段で２杯サービスみたいなことをやっているが、量というより味に飽きてきて、だんだん嫌になる。食事を楽しむためにワインを飲むラテン系の人々とは違って、酔っぱらうのが目的のようだ。

食事時にはスイスの時からの習慣を引きずって、もっぱらワインを飲んでいた。イギリスのワインについてよく言われるのは、百年戦争（１３３９－１４５３）までフランスのワインの産地、ボルドーはイギリス領で、多くの高級ワインがイギリスに輸出されていた。その縁もあって、現在でもイギリスでは良いボルドーワインが手に入る、というものだ。

確かに私などとは無縁のハイソな生活を送っているイギリス人は伝統的に高級なボルドーを飲んでいるのかもしれないし、いくらお金をかけても構わないという本当のワイン通の日本の方々には理想的な環境なのかもしれない。しかし、スーパーで10ポンド以下のワインを買う人間にとっては、全く意味のない話である。そもそも、イギリスで一般庶民がワインを飲むようになったのは、イギリスが１９７３年にＥＣ（現ＥＵ）に加盟して、酒類の課税が撤廃された以降とされる。

日本の安ワインでも感じることだが、欧州からイギリスに輸出される安いワインには輸送期間が長くなるためか防腐剤が混ぜられているようで、欧州大陸内で消費されるものとは明らかに中身が違う。「これが、本当にコート・デュ・ローヌか」「こんなまずいキアンティがあるはずない」などという体験もしばしば。イギリス人向けに質の悪いものを輸出しているのかと勘繰りたくもなったが、スーパーでの保存の仕方にも問題があるのだろう。

味もジュースのように甘いものがお好みのようだ。白なら絶対に辛口しかないフランスのミュスカデ、赤はフランスの南西部やアルゼンチン産に多いマルベック、イタリア南部のプリミティーボなどがはずれが少なかった。

また、イギリスで買う安ワインの栓はコルクではなく、フランスやイタリアではあまり見かけないスクリューキャップ。確かに開けてすぐ飲むには便利である。

イギリスのパブや、普通のレストランで頼むグラスワインには大盛りのラージというのがある。一般に大陸諸国では、ある一定以上の量はカラフで出てきて、グラスに自分で注ぐのが普通だが、いちいち面倒くさいし、ベロベロに酔っぱらうまで飲めば味も香りも気にならないのだろう。成り金の中国人をバカにするための「高級ワインをドボドボとグラスいっぱいに注いで一気飲み」といったエピソードが聞かれるが、ワインの飲み方に限定すればイギリス人も基本的に変わりない。

最後に台所用品について少々。いわゆるサランラップは、イギリスで買うとふにゃふにゃしていて、簡単に切れず使いにくいが、ウエイトローズやモリソンズのものは日本製には及ばないものの許容範囲。また、食器用洗剤の中には香料が強すぎるものがあり注意が必要。そんな洗剤で洗ったシリコン製のお玉を使ったら、味噌汁に臭いが移ってしまった。高いアサリを使った繊細な味を楽しみにしていただけに、ショックは大きかった。

厨房に妻を入れるべからず

さて、料理を円滑にするコツは、自分以外の人間を決して台所に入れないことである。特に調理中はできる限り、排除するべきだ。火が強すぎるだの、切り方が悪いだの、あれを入れたほうがいい、これは入れるな、などといちいちありがたいアドバイスを聞いていたら、集中できない。片づけものも自分で全部やったほうがいい。手伝ってくれるつもりなのかもしれないが、大概の場合、食器の洗い方が悪いだの、コンロが汚れているだの、と非難される材料を提供する結果になる。

さらに、作った料理にも、むやみに文句を言わせてはいけない。専業で家事をやっているものに「料理が下手」だの「私の好みじゃない」などというのは、稼ぎ手に「うちが貧乏なのは、お前の稼ぎが悪いからだ」などと言うに等しいタブーであることを、知らしめなければならない。

というのは理想論であり、実際は妻の台所侵入や調理内容への介入を許し、険悪な状況となったこともしばしばだった。「女の趣味の週末料理」にも文句はないが、平日の食事には使いにくい材料や調味料がどんどんたまってくる。特にロンドン滞在が2年目を過ぎ「会社の周囲で買う昼食は高くてまずい」などと言い出した妻が毎朝、弁当を作り始めてからは、計量カップをいつもと違う場所に置いた、冷蔵庫の材料を勝手に使った、などと争いの種は尽きなかった。台所が二つあればこういう面倒ごとは起きないだろうが、非現実的である。最終的には、立場の弱いものが泣き寝入りするしかない。

とはいえ、やはり家族三人分を作る夕食はもちろん、娘との二人分の朝食でもそれなりの手間ひまはかけるし、出来栄えや家族の評判は気になる。ところが、一人の昼食となると、これは全くやる気を失う。とにかく、金と時間をできるだけかけず、腹さえ満たせばいいという投げやりな気分になる。本当の料理好きなら一人の時こそ、いろいろと新しいものに挑戦しようと意気込むのかもしれないが、残念ながらそういう気にならない。それまで料理が好きだった女性が、伴侶を亡くしたとたんに無気力になってほとんど台所に立たなくなる、という話を聞いたことがあるが、気持ちは分かる。

一人の昼食の材料は基本的に余りもの。週末までに使い切れなかった食材や、傷みやすいものは冷凍してあるので、余りものが足りなくなることはない。娘が家にいると昼食は余りものだけというわけにもいかず、長い学校の休みの間に余りものがどんどんたまる。何を冷凍したのか分からなくなり、休み明けに使おうとしても解凍するまで中身が不明、ということもしばしばだった。ただ、闇鍋の気分が味わえたし、エコロジーに協力しているという満足感も得られて一石二鳥ではあった。

余りものの調理法もいろいろ試したが、一番いいのは韓国製の極辛ラーメンに全部、放り込んで煮込んでしまうことだ。たいていのものは食べられる。

当初はカビの生えたパンなども、トスカーナ風スープなどと称して、調味料を加えて煮て食べていたが、さすがにやめた。涙して食べながら「どうして私は生きているのか」という実存の領域までに、踏み込まざるを得なくなったからだ。

料理以外では、一時期、パンを焼いてみたことがある。レシピを見て材料をそろえて小麦粉を捏ねれば難しいものではなく、焼きたてのパンはやはりおいしい。しかし、1回パンを焼くと1週間分の量となる。家族も焼いた初日は「おいしい、おいしい」と食べてくれるが、2日目以降は「違うパンが食べたい」「パンケーキかホットケーキはないの」などと言いだす。製造者責任原則にしたがって、硬くなってきたパンをすべて一人で食べることになる。次第に嫌になって焼かなくなる。

納豆作りにも挑戦した。圧力鍋で軟らかくした大豆を市販の納豆を利用して発酵させるのだが、その際に大豆を平らに並べて重ならないようにすることと、温度を一定にすることが大事だ。だが、なかなか安定した出来栄えにならない。失敗すると酸っぱくなってしまう。また、保存のため冷蔵庫が占拠されるうえ、実験台となる家族の反対もあり、これもしばらくして断念した。

粉ものでは手打ちうどんも時々作ったが、夕食にはうどんだけでは寂しいので、必ず天ぷらを添えた。ただ、火力の弱い電気コンロで天ぷらを揚げるのも楽な仕事ではなく、よほど気力と時間がある時しかやらなかった。

普通の家庭で作る料理は一通り作ってみたと思うが、お菓子だけは別。間食の習慣がなく、普段は全く菓子を食べないので食指が動かない。覚えている限りでは、余ったリンゴで焼きリンゴを作ったのと、娘の宿題の手伝いでタルトを焼いたぐらいだ。お菓子とは言えないかもしれないが、娘にせがまれて朝食にクレープを焼いたことはある。しかし、作ったとたん「生地が厚い」などと文句をつけられ、一気に作る気が失せた。たとえ、自分が好きでなくても、たとえ喜ばれなくても、家族のために仕事をするのが立派な主夫なのだろうが、どうも私にはその素質が欠けているようだ。

第5章 住まいが私を苦しめる

住まいはビクトリア様式の元小学校

エスニック・ジョークの一つに「アメリカで給料をもらい、イギリスの家に住み、中国人のコックを雇い、日本人を妻にするのが最高の幸福。中国で給与をもらい、日本の家に住み、イギリス人のコックを雇い、アメリカ人を妻にするのが最大の不幸」というのがある。「イギリスは食べ物はひどいが、家は素晴らしい」という見方が、このジョークの背景にあるのは間違いない。

イギリスの住宅地には「ジョージアン」「ビクトリアン」といった様式で統一された住宅が延々と並ぶ。赤茶色のレンガをベースに、白いペンキでアクセントを加えた家が続く街並みは特に美しい。

ロンドンに来る前はこんな一軒家を借りて、趣味でガーデニングでもできれば、などと漠然と考えていた。しかし、いざ現地で家探しを始めてみると、このところのロンドンの住宅価格の高騰で、普通の給与ではそんな住宅を借りるのは到底無理と分かり、結局フラット（日本でいうアパートかマンション）に落ち着いた。

しかし、フラットといってもただの建物ではない。1909年に建てられたビクトリア様式の壮麗な3階建ての元小学校で、屋上には物見の塔がそびえている。1999年にダ

筆者が住んだダウニングズ・ハウス

ウニングズ・ハウス（Downings House＝イギリスの首相官邸 Downing House をもじったものと思われる）として住宅に転用されたが、とても住居用とは思えないので、初めて訪れた配達人などは、目指すフラットを目の前にして住所片手にウロウロと探し回ることになる。

それぞれのフラットは教室を改造したもので、リビングルームには高い天井が残されているが、残りは垂直に2分割されて中二階（mezzanine）ができている。下の階にベッドルーム、リビングルーム、キッチン（先に書いたように狭い）、中二階の上の階にもう一つのベッドルームと書斎という間取りだ。

ウィンブルドン駅近くのショッピング

センター、劇場、映画館なども徒歩10分以内と地の利もある。1階（イギリス式では地階）の部屋だが、窓から見る景色は、春は桜が咲き、一年中緑の芝生の片隅にも四季の花々が植えられ美しい。7月の終わりに入居、快適な暮らしが待っているはずだった。

トイレの水が止まらない

そんな期待を打ち砕くように、まず洗礼を受けたのが屋根の補修工事。折悪しく工事開始の時期にあたっていて、入居早々に足場を組み始めた。せっかくの窓からの景色は遮られ室内は昼なお暗き状態となるし、修理の職人さんが建物の周りを始終、歩き回っていて落ち着かない。駐車場も使えなくなり、仕方なく57・5ポンドも払って住民用の駐車許可証（6カ月分）を買い、路上駐車しなければならなくなった。

その不便も10月までということだったので我慢していたが、もう作業も終わったはずなのにいつまでも足場が残っている。日がどんどん短くなり、ただでさえ暗い部屋はますます暗くなる。いったい、どうしたことかと思っていると、何と委託した業者が倒産してしまったという。その後、新しい業者を選定するのに時間がかかったりして、ようやく足場が取り外されたのはクリスマス前だった。

フラットは家具付きですぐに住める状況だったが、前借家人の退去が直前だったため、

屋根の補修工事によって昼間も暗い状態に

当初は、お掃除の専門家や、修理屋さんのハンディーマン（いわゆる何でも屋さん）が入れ代わり立ち代わりでやってきた。それも一段落、やっと落ち着けると思った矢先に、次から次へといろいろ起こること、起こること。とにかく、すべてが老朽化しているのだ。５年間に発生したことを列挙してみる。

当初、被害が大きかったのは換気扇。付属する照明がうまく点かなくなったと思ってカチカチスイッチをいじっていたら、いきなりバンという大きな音がして、火花が飛び散り、全く動かなくなった。結局、すべて交換。

配線に問題が発生して、下の階の寝室の照明すべてが点灯不可になったこともある。電気は日本の倍の200ボルトの高圧で、さすがに自分でいじる気にはならない。古いロックファンなので、元ヤードバーズのボーカリストのキース・レルフが、風呂場でギターの練習をしていて感電死したことなどが思い出されてしまう。妻の友人宅も照明の3分の1は点かないと言っていたので、イギリスでは通常の不具合のようだ。

なお、コンセントはイギリス特有の長方形の穴が三つ開いているBFというタイプだが、当家のフラットには同じ三つの穴でも丸いB3（インドタイプ）が混在していた。不慣れな外国人には迷惑な話である。電球は本当に頻繁に切れるので、買い置きは欠かせない。高圧のせいなのか、電球の質が悪いのか。多分、両方なのだろう。

トイレの水が止まらなくなり、真夜中に配管工を呼んだことが一度。アルバニア人の配管工に、「日本と比べて、こっちの配管工はどう」などと尋ねられた妻は「日本じゃ普通、水漏れしないから配管工はあまり呼ばないので分からない」などと答えていた。

台所の流しでも2回、水漏れが発生した。上のフラットの住人が風呂をあふれさせたため、2階の寝室の天井から水滴が落ちてきたこともある。幸い被害は小さかったが、以前にも同じことが起きたそうで、その際はもっと大変だったらしい。

浴室は壁などがぼろぼろの状況だったので、入居の直後に直してもらった。しかし、3年も経つと桶（浴槽）と壁の間の継ぎ目に隙間ができてしまい、水がどんどんしみ込んでいく。私が適切な対策をとらず傍観していたところ、業を煮やした妻が自ら防水用パテで修理することになった。

ボイラーは毎秋、業者に頼んで定期点検をしてもらっていたが、3年目には定期点検後に使用を開始した途端に、圧力計がレッドゾーンに。同じ業者に再び来てもらったが、とんでもない修理費を吹っかけられたので、別の業者に連絡。アポイントをすっぽかされること2回。最終的に配管工もやっていた娘の友達リリーのお父さんに頼み込んで直してもらった。その後も2年連続で故障。特に最後の冬は、旅行から帰ってみたら動かなくなっており、すっかり冷蔵庫のように冷え込んだ中で数日を過ごすことになった。

入居したての頃、窓が6カ所ほど開かなかったので修理してもらったが、3年後の契約更新時にはそのうち3カ所が再び、開閉不能になっていた。窓枠そのものが歪んでいるので、直しても無駄らしい。これは老朽化とは関係ないが、酔っ払いか子供とみられる投石で、年末の旅行から帰ってきたら窓ガラスが1枚割れていたことがあった。クリスマス休暇で業者は見つからない。直ったのは1月の半ばだった。

日本のNTTにあたるBTの電話線が切れ、インターネットを含めて4日間ほど、使用不可能に。その後、建物の共同TVアンテナからの信号が途絶え修理不可能と判断されたので、TV、電話、インターネットを一括して扱うヴァージンメディアに切り替えることにした。その設置にもいろいろすったもんだがあった（社内連絡の不備で契約が結ばれていなかったり、屋外の配線の位置が分からず工事の人が半日近く探し回ったり）のだが、導入後しばらくして、サッカーのワールドカップの時期に合わせたように突然、TV、ネットが切断され、4日ほど使用不能に。さらに、その後の落雷で再びネットが3日間ほど使用不能になった。その後も、3、4カ月に一度の割合でほぼ定期的に一時不通となった。

幸い停電は5年間に一度だけ、数時間のものがあっただけだったが、ネットが切れると各種の予約や問い合わせ、調べ物などがほとんどできなくなり、日常生活に大きな支障を来す。特に原稿の締め切りが近い時など泣きたくなった。

最後まで、家は私を苦しめた

いざ、帰国が決まり引っ越し準備に入り年が明けてからも凄かった。まず、洗濯機。15年も前のモデルなので、そろそろ危ないかとは思っていたが、引っ越す4カ月ほど前に完全にお釈迦に。オックスフォード大を出ている家主は、それでも直せるかもしれないと言い張り、メーカーの修理屋を呼んだが200ポンドをむしり取られただけ。名門大学では15年前の洗濯機を修理するのは難しいということは教えていないらしい。

最終的に家主もあきらめ、ジョン・ルイスというデパートに新しい洗濯機を注文してくれた。ところが配達人は、「据えつけタイプのキッチンで配管が難しくて設置できない」などと言い出して、洗濯機だけ置いて帰ってしまい、また別の業者を呼ぶことに。確かに狭い場所への難しい据えつけで、専門家が3時間もかかりようやく設置完了。壊れてから約1カ月。その間は土曜日ごとにコインランドリー通いだった。

びっくりしたのは販売先のジョン・ルイスが1週間後に古い洗濯機を引き取るというので、フラットの外に出しておいたら、2時間後にはなくなっていたこと。廃品回収業者が鵜の目鷹の目で金になる可能性のあるゴミを探し回っているらしい。

食洗器も当初から調子が悪く、いつ壊れてもおかしくない状態だったが、新洗濯機の導入直後についに逝去。壊れただけでなく、重たい扉が台所の一部を塞いだまま閉まらなくなってしまった。布を挟んで開かないように押さえていたが、じきに緩んでバタンと開き、一度は脛を直撃。椅子を置いてつっかいにしたが、ただでさえ狭い台所が使いづらいことこの上なくなった。仕方なくしばらくは食器を手で洗っていたが、今度は「洗い方が悪い」と妻から罵声を浴びせられること数度。ただでさえ、引っ越し間際のささくれだった雰囲気が、さらに悪化することになった。

いろいろと不具合が生じるたびに、イギリス人女性だが普段はインドやエジプトに住んでいる家主に連絡してから専門家を呼ぶ。作業に立ち会う必要があるので、留守番をしなければならない。配達でも同じだが、日本のように細かい時間指定はできず、だいたいは午前中とか、午後とか大雑把なメドぐらい。ひどいのは、朝8時から午後6時までの間に来る、というのもあった。

いくら専業主夫とはいえ、娘の学校の送り迎えなどで家を空けなければならない時間帯があり、配達物などいつ来るのか、本当に来るのか、と気が気ではない。迎えに行く時間ギリギリの3時半まで待って、仕方なく家を出たら、不在通知が入っていて、結局、後日、ロンドン市内に受け取りに行ったこともあった。

手の甲を直撃する便座

フラットの建物は歴史的建造物に指定されていて、火災を起こす危険性が高いガスは使用できない。ただでさえ天井が高いのに、外観に変更を加えてはいけないという理由で二重窓（double glazing）も禁止。熱効率を示す基準、EPC（Energy Performance Certificates）は6段階のうち下から2番目のEである。当然、暖房も電気で効率が悪く、多分、光熱費は同じ広さの家より2、3倍は高かったのではないだろうか。

一方、火災防止のため、高感度の火災報知機が惜しみなく設置されていて、トーストが少し焦げただけでもすぐに鳴り出す。魚などを焼く場合は必ず事前に取り外した。火災報知機で悩まされたのは電池切れの警告音。硬いものが強くこすられた時のような「キュッ、キュッ」という不気味な音が断続的に鳴るのだが、その音が火災報知機から出ているということを突き止めるのに相当な時間がかかった。電池が切れたら鳴り続けてくれるというのならいいのだが、しばらくすると自然に止まり、時間が経ってから再び鳴り出すので始末が悪い。特に夜中に鳴り出して起こされると、本当に気分が悪かった。

トイレの便座にも閉口した。特に下の階のトイレのふたと便座は木製で重いうえ、取りつけ位置が悪くて、どうにかギリギリのバランスでしか立てかけることができない。急いで小用をしようとして、便座を上げたりするとバランスが崩れて倒れ、泌尿器を押さえている右手の甲を直撃する。用を足している最中だと悲劇的だ。

イーストボーンという海沿いの保養地のホテルで、最高級の部屋に泊まったことがある。たまたま、普通の部屋

筆者が悩まされた自宅の便座

が満室で、安く泊まれたという運のいい話だったのだが、トイレは小用の際に便座が右手の甲を直撃するタイプ。当家のフラットだけが特別でないことが分かってうれしかった。この手のタイプはどういうわけか、スコットランドにも多いようで、1週間の旅行で3カ所ほど、体験させていただいた。

屋根が落ちるのはあたりまえ

イギリスの多くの住宅は、大英帝国華やかなりし時代に建てられている。質のいい建材を使い、華やかに装飾され、当時の最新技術を駆使しているが、老朽化は否めない。建築家の知り合いに聞くと、当時は100年程度の耐用年数を想定していたらしいので、現在、ロンドンのほぼすべての家がこれを超えつつある。

2012年5月、ロンドン南部、ストックウェルでビクトリア様式の3階建て住宅が突然、崩れ落ちたことがあった。昼夜の寒暖の差が激しくなって、建物内部の金属・コンクリートなどが膨張・収縮を繰り返し、歪みを生じたのがきっかけとされる。しかし、根本的な原因は建物の経年劣化だろう。新しく瓦を張り替えたり、天井に断熱材を入れたりするだけでも、微妙なバランスが崩れるという。それに、全ての建物の強度計算がしっかり行われているわけではないようだ。

２０１３年12月にはロンドン中心部の劇場、アポロ・シアターの屋根が崩壊、観客が命からがら逃げだすという騒ぎも起こった。２０１６年６月にもロンドン南東部のルーシャムで修復工事中のビクトリア時代のテラス・ハウスが崩壊している。

私も間接的にだが、知人に恐ろしい話を聞いたことがある。

その１。上のフラットの住人が水を出しっぱなしにしたため、ある夜、天井が破れて浴槽が落ちてきた。たまたま、翌日お客さんが来るというので、普段は物置に使っている部屋に移動して寝ていたので難を逃れた。

その２。フラットに帰ってドアを開けてみると、部屋の様子が違う。階を間違えたのかと思って、調べてみたが、確かに自分のフラットのある階だ。よくよく見てみると、天井が抜けて上の階の部屋がそのまま下に落ちてきていた。

最近、日本でも「イギリスでは古い家ほど価値が高い」などと、住宅投資を勧める向きがあるようだ。しかし、直接話を聞いてみると、イギリス人でも実際に住んだり、買ったりするのは新しい家のほうがいいと思っている人が多い。ただ、ロンドン近郊では新築の物件を見つけるのはかなり難しく、仕方なく歴史のある家に住んでいるのだ。耐用年数をかなり超えていても、地震がない国なので建物はどうにか立っていられるというのが、正しい認識かと思われる。

事情に疎い外国人が家を買う場合、よほどリスクを覚悟しないと、酷い目に遭っても泣き寝入りということになりかねない。老朽化で壊れた場合、保険が下りないケースも多いのだ。見栄えに騙されてはいけない。外から見るのと、住んでみるのとでは大違いなのだから。

危険すぎる掃除

主夫の大事な仕事に掃除がある。日本の台東区根岸のマンションでは2、3日で板張りの床に綿埃が舞ったが、ロンドンの郊外のフラットでは、1週間放っておいても、パッと見では変化はない。東京の街中と、ロンドンの郊外では空気中の埃の量が相当違うのだろう。しかし、前の居住者が置いていった強力かつ重量級のサムスン製の掃除機をかけてみると、結構な量の綿ゴミが入ってくる。カーペットの質が悪く、毛が簡単に剝げ落ちるのも理由だろうが、やはり知らず知らずのうちに埃や小さなゴミがたまっているようだった。そこで、週末を控えた金曜日に1時間ほどかけて掃除をするのが習慣となった。

私は特にきれい好きでも、ずぼらでもなく、男性としては普通の衛生観念を持っていると思う。一応、自分では気になるところは雑巾がけをする。しかし、気がつかないところに次第に汚れがたまる。イギリスは曇りがちなことが多いうえ、歴史的建造物ゆえに天井に照明器具を取りつけられず、昼とはいえ薄暗いことも珍しくないからだ。

そんな埃のたまっている場所を妻が見つけると必ず騒動になる。確かに汚れているのは分かるが、「気がつかなかったのだから仕方がないじゃないか」と言っても収まるものではない。天気のいい休日に妻が「女の趣味の掃除」などを始めた時が特に危険である。

もう一つ気をつけなくてはならないのは、窓枠など力を入れて拭かないことだ。塗りの悪いペンキが剝がれてボロボロになる。ヒーターのつまみに掃除機の柄が当たったら砕け落ちたこともあった。物は大切に使わないといけない。

冷蔵庫も時々、掃除が必要だが、それよりも霜取りのほうが悩みの種だった。冷蔵庫に霜がたまることなど、日本では子供の頃の記憶にかすかにあるぐらいだが、欧州では普通のこと。ジュネーブ時代も霜だくさんの冷蔵庫だった。

霜を取ろうと下手に冷蔵庫内の温度を上げると、一気に溶け出し洪水となる。妻が弁当の材料と半加工品を大量に冷凍していたので、完全に電源を切るわけにもいかない。とうとう、あまりにも霜がついてドアがきちんと閉まらなくなった。少しずつ冷凍した食品を取り出しながら、冷凍庫にこびりついた氷にお湯をかけて溶かしていく地道な作業を繰り返し、3日ほどかけてようやく復旧。この時は珍しく妻に感謝された。

イギリスはうるさい

フラットの周りの庭の手入れや、窓ガラス拭きはそれぞれ専門の業者がやってくれるし、建物の共用部分は管理人さんが掃除してくれる。しかし、これがそれぞれ結構な騒音で、作業が始まるとただ耐えるしかない。前居住者から受け継いだ掃除機、備えつけの洗濯機、食洗器も負けてはいない。

家で仕事に集中しようとしても、共用ドアのカギを忘れた郵便配達人がでたらめにフラットの呼び鈴を押して誰かに開けさせようとしたり、つまらない勧誘の電話がかかってきたり(マシンガンのように英語で話されたら何も分からない)と、落ち着かない。一方、妻が自宅勤務をする段になると、今度は息をひそめての蟄居を迫られる。

イギリスは音が大きい社会である。日本に帰国して最初何が驚いたかといえば、街全体が妙に静かなことで、しばらくは不気味な感じさえした。イギリスのようにしょっちゅうクラクションを鳴らして走る車は少ないし、道路も表面が滑らかなためかガタガタという車体の振動も小さい。後ろから音もなく近づくハイブリッドカーもイギリスにはあまり普及していない。

そもそも、イギリス人の話す声は、日本人の数倍は大きいのではないかと思われる。女性もけたたましい声で笑っている。特に酔っぱらいが大声で騒いでいるパブは、空間全体が騒音で詰まっているような感じだ。元々遠くまで通りにくい声質の妻は、パブでの会合では叫ぶように話さなければならず、相手の言っていることもあまり聞き取れない（英語だし）ので苦痛だと言っていた。しかし、これはシャイなイギリス人にとっては好都合なのだろう。お互いに相手のことが理解できないまま、大声で話してストレスを発散することで、余計なコミュニケーションをとることなく、人間関係を維持していけるからだ。

郵便はおおむね正確なようだが、違う住所の手紙が時々当家に投函されていたことから考えると、あちこちで似たようなことが起こっていたはずだ。ロンドン市内に送った郵便が、宛先人転居のため戻ってくるまでに1カ月かかったこともあった。11月に東京で発送された郵便物（新聞が入っていた）が、どういうわけかカナダのバンクーバー経由となり、翌年の2月に到着したのにも驚いた。コインのような形状の電子キーを郵送したら、中身が抜き取られた状態で相手に届かなかったこともある。それなのに、書き換えを終えた免許証や高額のコンサートチケットなども普通郵便で送られてくる。紛失被害に遭わず帰国できたのは幸運なことかもしれない。

なお、日本から物を送ってもらう時には間違っても中身の値段を正確に書いたり、「贈り物」などと記したりしてはいけない。25％の消費税に加え、課税に必要な諸経費などまで払わないと、品物を受け取れなくなるからだ。一度、両親が娘の誕生日に服を送ってくれたが、日本の郵便局の人の言うとおりに記入したら、なんと73・05ポンド（約1万2500円）も請求された。怒った両親はその後、何も送ってこなくなった。

イギリスといえばガーデニングを思い浮かべる人も多いだろう。すべてのイギリス人が庭仕事をこよなく愛し、四季とりどりの花を咲かしているという印象を持っている人もいるだろうが、実はこれもかなり人によって様々だ。当家の近辺もガーデニングの雑誌に出るような美しい庭ばかりではなく、物置やゴミ置き場になっていたり、八重葎《むぐら》が生い茂っていたり、はたまたコンクリートで完全に覆い尽くしてしまったような庭もあった。

会社を辞めて一番うれしかったこと

ここで、専業主夫の時代の日常を、時間を追う形で振り返ってみよう。

午前6時半に起床、娘と二人の食事を準備して食べて、7時50分に家を車で出発。娘を学校に送って9時前後に帰宅。

午後3時半に家を出て、娘を迎えに行き、4時半ごろ帰宅。6時から夕食の準備、7時半以降、パブにも寄らずにまっすぐ帰ってきた妻と娘の3人で食事。片づけなどを終えると9時。11時ごろ就寝。

これが、全く特別のことをしない日のパターンで昼間は6時間半ぐらい空き時間がある。ただ、これに買い物（週3、4回）、洗濯、掃除、娘の宿題の手伝いや、もろもろの雑用などがあるので、毎日それだけの自由時間があるわけではない。しかし、それでも仕事をしていた時と比べると格段の差だ。

家事について「炊事、掃除、洗濯」という言いまわしがあるが、この中で現代文明の恩恵を一番受けているのが洗濯かもしれない。洗濯物と洗剤を放り込んでスイッチを押せば後は洗濯機がすべてやってくれる。屋内干しの作業があるが、それも数分で私の任務は完了。乾いた洗濯物を畳んだり、しまったりはそれぞれの所有者にお任せだ。

ただ一度、携帯電話を洗濯してしまったことがある。すぐ気づくも時すでに遅し。当家備え付けの製品は始動したら2時間、途中で止めることはできなかったのだ。

さて、マスコミの仕事を辞めて、満員電車に乗る必要がなくなり、何が一番、うれしかったかといえば、それは痴漢に間違えられる心配がなくなったことだ。

通信社での最後の仕事は、中間管理職（いわゆるデスク）のローテーション職場。出勤時間は早朝から深夜まで様々だったが、当然、朝のラッシュアワーにぶつかることもある。記者時代は時差出勤も可能だったが、内勤ではそうもいかない。東京では最寄り駅の鶯《うぐいす》谷《だに》から山手線や地下鉄を乗り継いで東銀座のオフィスまで通ったが、ピーク時の乗車率は

200％という有数の混雑区間が含まれるルート。混雑は自分さえ我慢すれば何とかなるが、痴漢に間違えられると家族にまで迷惑がかかりシャレにならない。マスコミ勤務で逮捕されると実名で報道されてしまう可能性も大きい。

痴漢は卑劣な犯罪で撲滅しなければならない。私も大賛成で、会社の校正システムで「置換《ちかん》しますか」という画面が現れると、「痴漢は犯罪です」と声に出してから校了していたので、周りに呆れられていたほどだ。女性が被害を届けやすくする環境整備が必要なことには異論がない。ただ、冤罪が多いという側面があるのも事実である。

「君子危うきに近寄らず」で、混雑する電車など乗りたくないのだが、そういうわけにもいかない。できるだけ手を空中に挙げたまま乗ってみたりしたがそれも結構つらい。「いっそのこと売られているカニみたいに、手をひもで縛って乗ったらどうか」とも考えたが、今度は気味悪がられて、違った意味で通報されそうなので断念した。

「痴漢は欧米には存在しない。日本以外では、性的なものへの抑圧が強い中東諸国で見られる程度」というのが半ば定説で、私もそう思っていたが、どうも違っていたようだ。

少し古い統計だが、イギリスで2013年7月から2014年4月までの間に、公共交通機関で報告された性犯罪は936件、前年同期比で27％急増した。凶悪な性犯罪が多いイギリスでは、この手の軽犯罪に警察が積極的に取り組んでこなかった経緯もあって、90

%から95%が依然、未通報との推計もある。被害は大声を出して助けを呼びそうにない若い女性が多く、男性も被害に遭っているそうだ。

ロンドンで主夫になって良かったことのもう一つは、警察に職務質問をされたり客引きに声をかけられたりしなくなったことだ。

鶯谷の駅裏はいわゆるラブホテル地帯。娘を線路の反対側にある谷中の保育園に送り迎えしていたが、その道筋は「ラブホテルコース」か、谷中墓地を突っ切る「お墓コース」の二つしかなかった。

娘と一緒なら問題ないが、夜勤の都合などで夜中に界隈を一人で歩いていると、どうしても不審者に見られてしまう。近所の住人であることが周知されれば顔パスが利いて声をかけられなくなるが、新しい警官や客引きがくるとまた同じプロセスの繰り返しだ。

痴漢や不審者扱いされかねない毎日に比べれば、妻や娘の苦情だけを我慢すればいい生活に感謝しなくてはならない、とロンドンでは日々自分に言い聞かせていたものだった。

イギリス人は家に名前をつけるのが好き

ロンドンに移り住んだ当初は、送り迎えや食事の支度、買い物などに、慣れるのに大変で余裕もなかったが、しばらく経つと、すべてがマンネリ化してくる。中途半端な空き時間で、働きに出るわけにもいかない。それなりに自分の蓄えはあるものの、当面の収入がないと、金を使わないことだけに汲々としてきて、何事にも消極的になり萎縮してくる。博物館や美術館への寄付（入場無料の代わり）や、バスカー（地下鉄などでの大道芸人の音楽家）へのチップも、ためらわれてしまう。スーパーでの買い物も質よりも1ポンド、1ペンスでも安いものを選びたくなる。

そうすると、「小人閑居して不善を為す」ではないが、「もう何の将来もなく、このまま老いるだけではないだろうか」「二度と社会復帰は不可能かもしれない」などと、漠然とした不安が芽生えてくる。一時、五十肩の症状が出た時はいつも肩から腕に違和感があって、それも冬の暗い時期だったので、ますます気分が落ち込んだ。

そのうち、少しずつフリーランスの仕事が入ってきて、曲がりなりにも収入が入ってくると、負のスパイラルのような心境からは脱することができたが、もし、無収入の状態がさらに長く続いていたら、精神的にはつらかったと思う。

特にすることがない日は、天気が良ければ近所を散歩したが、しばらくするとだいたいのところは行き尽くすし、そもそも天気がいい日は多くない。週に一度はロンドン市内に出て大英博物館、ナショナル・ギャラリー、ビクトリア・アルバート博物館などへ通ったが、それもしばらくすると新味がなくなる。記者時代の知り合いや、前の会社の後輩には会っていたが、新たな知己を得ることは難しく、しだいに先細ってくる。

近所づきあいもほとんどなかった。ダウニングズ・ハウスの当家と同じフロアには5つフラットがあったが、目が合ったら挨拶するのがせいぜい。住民は若いカップルか、部屋をシェアしている人がほとんど。他の住民も昼間はほとんど家にいないし、子供ができると郊外のもっと広い家に引っ越してしまう。

ただでさえ人見知りの強いイギリス人なのに、子供がなく他人の干渉を嫌う世代が集まっているので仕方がない。思い出す近所づきあいといえば、当家の娘が開閉するドアのせいで、車のドアが傷つけられたのではないかという苦情の手紙、引っ越してきたばかりの同じフラットの住人から手違いで私の駐車スペースを使っていたことに対する謝罪の手紙を受け取ったこと、上のフラットからの水漏れで住人が謝罪に来たことぐらいだ。

鍵メーカー、イェールの調査によるとイギリス人の10人に一人は隣人を全く知らない、3人に一人以上がひと月以上、隣人と話したことがないと回答している。一方で10人に一人が騒音などで近所とトラブルがあったそうだ。ある時、管理人さんと話している時、フラットの住人の話になり、「ここのフラットの住人はあんまり社交的でない人が多くて、管理人をしていても、一日中、誰とも話さないこともある。そんな日は、気が狂いそうになるよ」などと言っていたので、私だけがそう思っていたわけではない。

欧州大陸と違うイギリスの住まいの特徴の一つは、郵便受けや呼び鈴に住人の名前を書かないことだ。もちろん表札などない。プライバシー保護なのか、人間嫌いなのか理由ははっきりしないが、隣の人の名前さえ分からないというのは不気味な気もする。郵便も住所だけを頼りに配達されるので、昔の借家人宛のものがいつまでも届く。

一方、イギリス人は家には名前をつけるのが好きで、有名なところではジョン・レノンが育ったリバプールの家が、メンディプスと呼ばれている。周囲の風景がサマーセット州の同名の景勝地に似ているという理由で、ジョンの育ての親のミミおばさんが名づけたという。しかし、大方はもっといい加減な命名で、いかにも安普請な家にマナーハウス（大邸宅）などと名前がついていたりするのが笑える。

通り一つ隔てると

ウィンブルドンでも、ウィンブルドンテニスが開かれる高台のウィンブルドン・ビレッジは高級住宅地だが、当家から東のサウスウィンブルドンに近づくに従って、あまり裕福ではない移民が多くなる。ここから、地下鉄ノーザンラインに沿って北、ロンドンの中心地へたどって行くと、トゥーティング・ブロードウエイが、パキスタン人や南インドのタミール人を中心とする大移民街。これを越えてクラッパム・コモンのあたりはロンドン市内に勤める若い世代に人気のあるおしゃれな地域だが、その北のエレファント・アンド・キャッスル周辺は、アフロ・カリビアン系のギャングが跋扈《ばっこ》するロンドンでも有数の犯罪多発地帯となる。このように駅一つ、極端な例では通り一つ隔てただけで、町の雰囲気がガラッと変わるのがロンドンの特徴だ。

ロンドンに旧植民地から大量の移民が入って来たのが1970年代。当初は人種差別も少なく、古くからのイギリス人と融合することが期待されていたようだが、どうもそのとおりに物事は進んでいないようだ。娘の学校ではしばしば、他の小規模な私立学校との間でスポーツの対抗試合をするのだが、そこでアフリカ系の子供を見るのは極めてまれ。娘の学校でもアフリカ系の児童・生徒はほとんどいない。二人だけ知っている子がいたが、二人とも養子で両親との身体的特徴は全く違っていた。

一方、大英博物館などでは課外活動の小学生の集団をしばしば見かけたが、全員がアフリカ系の児童で民族学校かと思ったら引率の先生だけがいわゆる土着の白人のイギリス人だった、ということは珍しくない。移民の多い地区の公立の学校では、古くからのイギリス人の児童・生徒はすべて転校してしまい、公務員の先生だけが残っているのだ。

ロンドン暴動が起こった背景に、人種的な対立があったのは誰もが指摘するところ。植民地経営でもフランスがフランス的価値への同化を強いたのとは違い、イギリスは現地の文化や社会制度を維持しながら、それを利用して統治してきた。ただ、移民によって異文化の風習がそのまま持ち込まれた場合のイギリス社会への影響は、まだはっきりと見えていない。音楽や芸術の世界では異文化が融合したように見えるが、実生活では大きな壁ができ、社会不安の大きな要因になっている。

「異文化に寛容」であったイギリス社会の裏には、社会が徹底的な個人主義から成り立っているという前提、つまり「直接被害がないのなら、隣人が何をしようが気にしない」という基本姿勢がある。家族のつながりも、日本のようなウエットな部分は少なく、「孫ができたのに夫の両親の対応があっさりしていて拍子抜けした」とか、「親が自分で動けなくなったら施設に入れるのが当然で、家で介護しようなどという発想がそもそもない」といった話も仄聞《そくぶん》する。

かつて、政治亡命者や難民を受け入れていたのも、その行動や思想、悲惨な境遇に共鳴したというより、「迷惑をかけないなら誰がいても構わない」ということだったのだろうが、今やその隣人たちを迷惑だと感じているイギリス人が増えているようだ。移民排斥を声高に主張する英国独立党（ＵＫＩＰ）が各地で支持を集め、ＥＵ離脱の決定で人種差別を理由にした犯罪、ヘイトクライムも増えているという。残念ながら外国人にとって住みやすい国ではなくなりつつあるようだ。

フラットの話に戻るが、ダウニングズ・ハウスには建物全体の面倒を見てくれる、管理人さんがいた。イギリスではケアテイカー（caretaker）とかポーター（porter）と呼ばれている。当初は気難しくてやる気のないご老人で参ったが、数年してシャキッとした壮年男性に代わった。元はホテルの装飾などをしていたということで、季節の花やクリスマスの飾りつけなどで、フラットも華やいだ雰囲気になった。偶然に二人ともブライアンという名前だったが、先に紹介したのはもちろん二人目のブライアンである。

フラットのドアの外に朝、ゴミを出しておくと、管理人さんが集めてくれるが、生ゴミと資源ゴミ（段ボール、ビン・カンの類）は自分で分別して、敷地内のゴミ捨て場に運ぶことになっている。しかし、面倒な生ゴミを分別している人は少ないようで、管理会社や自治体から時々、お触れ書きが回ってくる。5年間で私以外の住人が生ゴミ専用のボックスを利用しているのを見たのは数回しかない。娘の友人の家庭の様子を漏れ聞いても、全く分別していない家も少なくないようだ。日本の分別の厳しさを知ったら目を回すに違いない。

さて、日中の空いた時間はどう過ごせばいいのだろうか。テニスやゴルフなどスポーツに精を出す主婦の方々もいらっしゃったようだが、将来的な仕事につながらないことに金と時間を使うのは、どうしても躊躇してしまう。それに、誰に言われたわけではないが、

「いい年をした男が昼間からブラブラと」と陰で批判されているようで、必ずしも居心地のいいものではない。そこで、娘の送迎必要がなくなるまでは、外での本格的な活動はあきらめ、どのようにして、家にいる時間を有意義に過ごすかという方向に舵を切ることになった。

心がけたのができるだけ日課を決めて規則正しく生活すること。まず、朝はネットで聞けるNHKラジオの語学講座で、韓国語や中国語などを勉強。午前中は、計画的に本を読んだり書き物をしたり。午後は、昔から弾いているギターを練習するが（いざとなったら、バスカーとなって家計を助けるためという言い訳もできるし）、これも漫然とは弾かず、課題曲を選定してマスターするようにした。運動不足になりがちなので腹筋、腕立て伏せ、スクワット、柔軟体操など運動も組み込んだ。

と、せっかく、時間ができたのに、結局、自分で決めたスケジュールやノルマに縛られ慌ただしい生活を送ることになってしまった。本当に才能があれば、有意義で創造的な仕事ができたのだろうが、残念ながら目立った成果もなく3年余りの時は過ぎていった。

ロンドンのトイレ事情

単調かつ、慌ただしい日々も、娘が長期の休みに入ると一変する。家族で旅行に行ったり、英語学校や夏季キャンプに通わせたりする期間（これにも送り迎えは発生する）以外は、一日中、面倒を見なくてはならない。現地の友達も増えて、お互いの家を行き来するようになると手がかからないようになったが、基本的に子供だけでは遊ばせられないので、完全に自由にはなれない。長期の休みが近づくとどこの家庭も、この期間をどうやり過ごすかに頭を悩ませていた。

手軽で金がかからないのは近所にいくつかある公園に行くこと。遊具だけでなく、テニスコートが備えられている公園もあり、空いていれば勝手に使える。ただ、頭が痛いのがトイレ。トイレは公園にあるが、カギがかかっていることも多いのだ。特に土日は使えない確率が高い。ロンドンではゴミ箱はいくらでも見つかるが、トイレと水飲み場は難しい。唯一、市内でゴミ箱が見つかりにくいのは地下鉄の構内で、これは2005年のロンドン同時爆破テロ以来の措置だと思われるが、ゴミ箱がないので乗客は地下鉄の車内にゴミを放置して立ち去っていく。また、ゴミ箱があってもゴミの路上へのポイ捨ては珍しくない。

ロンドンに来てから、女性が公共の場所で放尿しているのを生まれて初めて、それも2回も目撃している。最初はあるよく晴れた日の午後のこと、近所の公園の一つで若い女性が友達とトイレに行こうとしたところ、カギがかかっているのを発見。「何これ、もうだめ」と叫び声を上げた後、トイレの裏の茂みに駆け込んで、用を足してしまった。

もう一度はエレファント・アンド・キャッスルというあまり評判の良くないロンドン南部の地区でのこと。大通りを歩いていた若い女性が、すぐ行き止まりになる角を曲がっていった。どこに行くのかなと思って、角の先を見てみると、しゃがみこんでズボンを下ろし始めたので慌てて立ち去った。平日の午前中だったが詳しい経緯は不明である。

娘も近所の公園で「おなかが痛い」と言い出し、偶然開いていた公園事務所のトイレを頼み込んで使わせてもらい事なきを得たことがある。欧州全般に言えることだが、トイレの数が少なく、特に子供連れには悩ましいことが多い。というか、ここまでくると人権問題のような気もする。子供に屋外で放尿させたり、はたまた牛乳の空きパックなどを尿瓶代わりにしてゴミ箱に捨ててしまったりといった例も何度か目撃している。

多少余談めくが、野外のコンサート会場（イギリスのコンサートは酒が販売されているのが普通）のぎっしりの立ち席で、若い男性がビールの紙コップに放尿した後、地面にぶちまけた場にも居合わせた。まわりはブーブー言っていたが、喧嘩にはならなかった。寛容な社会である。なお、いわゆる立ち小便はイギリスでは犯罪ではない。

ロンドン市は2012年から「コミュニティー・トイレット・スキーム」なるものを推進していて、トイレを使える店や公共施設などを地図やリーフレットなどで紹介しているが、行ってみないと使えるかどうか分からないのでは、緊急時には役立たない。

街中に出かけた場合も、地下鉄の駅にはトイレがないことが多いので、当てにして降りるのは危険だ。地下鉄の環状線、サークルラインの内側には48駅あるが、そのうちトイレがあるのは12駅だけ。それもしばしば有料で小銭がないと使えない。地下鉄当局は「駅の周辺にはトイレの施設がある」との理由で、今後も整備する予定はないようだ。

トイレの在りかが分からないなじみの薄い土地に行く場合は、あまり水分をとらないなど自衛するしかない。外食時にもトイレが心配で飲食を控えることもある。経済的な観点からも、トイレ整備は有効ではないかと思う。しかし残念ながら、地方都市を中心に財政難で公共のトイレを閉鎖する動きが続いているという。

しつけがいいはずの犬でいっぱい

トイレに次ぐ公園選びのポイントは犬である。ウィンブルドンのような郊外にはいくつも公園があるが、どういう具合か、犬を散歩させる人が多く集まる「犬公園」となっているところがある。ウィンブルドン・コモンの風車の周辺、クロイドンの補習校に行く途中のオークス・パーク（競馬のオークスの発祥地）などがすぐに思い浮かぶ。私は特に犬が好きでも、嫌いでもない。ただ、大きな犬が多く集まっていると、特に娘が小さかった時分はちょっと心配になった。

イギリスの犬はよく訓練され行儀がいいというイメージがあるが、実際には年間21万人あまりが犬に嚙まれ、6400人が病院で治療を受け、数人が死亡している。もちろん、危険な犬に対する対策は年々強化されていて、1991年から特別な許可がない限り、土佐犬など4犬種は飼育が禁止された。また、2016年までに飼い犬すべてにマイクロチップを埋め込むことが義務づけられた。しかし、禁止された犬種を隠れて飼育していたり、私有地内で口輪やリードなしで違法に放し飼いにしていたりする例が後を絶たないという。

私は嚙まれたことこそないが、リードもつけない犬に突然、吠えかかられたり、においをかがれたりということは珍しくなかった。ロンドン中心部のケンジントンガーデンズで、「犬をリードなしに遊ばせてはいけない」との注意書きにもかかわらず、大型犬が池に飛び込んで、白鳥などを追い回していたのを目撃したこともある。

娘の学校の友達でも大型犬を飼っている家が結構あって、学校の送り迎えに連れてくるのも普通の風景だ。小さい子供がいるのに本当に大丈夫なのかと、冷や冷やながらに眺めていたものだった。

ミュージカルがおすすめ

ロンドンは博物館が充実している。ミイラで有名な大英博物館、恐竜の化石などがある自然史博物館、理科の実験を体験できる科学博物館、ロンドンの歴史が分かるロンドン博物館、おもちゃを集めた子供博物館など、いずれも無料なこともあって、子供の休み期間中は大変な賑わいだ。天気の悪い季節になるとミュージカルを一緒に見に行くこともあった。平日水曜日のマチネ（午後3時前後から）は、学校休みの期間中、ほとんど子供連れ専用である。「ライオン・キング」、「ビリー・エリオット」など大人でも楽しめるのが多いし、レベルも相当高い。

郊外の遊園地にも行ったが、私自身はそれほど好きではないので、レゴランド（LEGOLAND）、チェシントン（Chessington）パーク、ソープ（Thorpe）パークの3カ所に、それぞれ1回ずつだけ。水を使ったアトラクションはびしょびしょになるまで水がかかるのが特徴で、また、それを乾かすために2ポンドで全身ドライヤーなるものが設置されている。また、1ポンド払うと、アトラクションのボートに乗っている乗客に向けて水鉄砲が撃てるサービスもある。日本でやったらシャレにならず、本気で怒り出す人がいそうだが、イギリス人のユーモア感覚というか、悪ふざけ感覚は、日本人とは相当レベルが違うようだ。

運動は公園でやるテニスやバドミントンのほか、水泳、スケートなどに出かけた。イギリスは冷涼な気候なのでプールは屋内が主流。しかし、屋内でも水が冷たい。イギリス人の体感温度が高いこともあるが、プールではひたすら泳ぐというのが従来の考え方だったらしい。娘に泳ぎを教えるために水に長く入ったりしていると、体が冷えて震えが止まらなくなる。シャワーも熱くなく生ぬるい。仕方がなく体を温めるために一人で泳いでいると、子供を見張ってないとだめだ、と注意されたこともあった。イギリス人に聞くと、昔はもっと水が冷たく現在はかなりましになったとのことだ。

イギリスでは乗り越しが犯罪

娘が小学校の間は、完全に自由になれるのは、娘が林間学校のような学校の泊まりがけの旅行に参加した時だけだった。その時はここぞとばかり、妻のための夕食だけを準備して、日帰りでイギリスの地方都市に出かけた。リバプール、マンチェスター、バーミンガム、オックスフォード、ケンブリッジ、カンタベリーなど。派手さはないがそれぞれ特徴があるし、ロンドンを離れるだけで気分転換になる。

しかし、天気が良くて早起きしたからといって無闇に電車に乗ってはいけない。

娘が初めての泊まりがけの旅行に行った時、喜び勇んでオックスフォードに行こうと、9時前にパディントン駅に着いた。さて、券売機で切符を買おうとすると、妙な数字が出てきた。往復56・4ポンド（約9000円）。ロンドンからオックスフォードまでは83キロ、ちょうど東京から小田原と同じ距離。もちろん普通列車で、所要時間は片道1時間弱、それなのに、どうしてこんなに高いのか、何かの間違いじゃないか、と思い何回か自動券売機を操作してみたが、やはり同じ価格が出る。あきらめて帰ろうかとも思ったが、せっかく早起きしてここまで来たんだからと、しぶしぶ払った。

後で調べて分かったのは、イギリスの列車は前売りやオフピークの割引率が異常に高く、オンラインで予約せずピークタイムの当日券を買うと懲罰的な運賃を科されるということだった。オックスフォードもオフタイムを1週間前に予約すれば、20ポンド以下で往復できる。

地下鉄や近郊列車もプリペイド形式のオイスターカードで払わないと、懲罰的な料金（2016年の最低初乗り運賃4・9ポンドは、オイスターなら2・4ポンド）を科されるので、旅行でロンドンに来られる方は重々、気をつけられたい。さらに、2014年の7月からはバスは現金での支払いを受けつけなくなった。釣り銭を用意するのが面倒だということだが、旅行者にとってはとんでもない不便な制度だ。

オイスターカードを入手したからといって、調子に乗って電車に乗ると大変なことになる。ロンドンから29キロ（東京から横浜ぐらい）のハットフィールドという歴史的なマナーハウスに家族そろって電車で行ったことがある。ロンドンのキングズクロスから同名の駅まで四つ目で22分。東京と横浜程度の距離なので、少し大目にオイスターカードにチャージ（トップアップ＝top-upという）しておいたのに、なぜか駅の改札を出られない。不思議に思い改札の脇にいた駅員に聞くと、オイスターの利用範囲を超えて乗り越したので、一人20ポンドの罰金だという。イギリスは乗り越しが犯罪と見られているのだ。

あまりのことに驚いていたら哀れに思ったのか、かなり年配の駅員さんは大人一人分の罰金におまけしてくれたが（イギリスは寛容で融通の利く社会なのである）、われわれの横ではアジア系の若い女性が憮然とした表情で罰金を払っていた。

イギリスの地下鉄や列車は遅れることで有名だが、特に週末はエンジニアリングワークと称してあちこちで工事をやっていてダイヤの乱れが酷い。フランスからロンドンの空港（ルートン）に日曜日に到着したら、電車の遅れで中心街までなかなかたどり着けず、酷い目に遭った、という話も聞いたことがある。週末はできるだけ電車を使わずに、車で移動するほうが、リスクを低く抑えられる。

庭はいいけど、お食事は

天気が良い週末は、家族で郊外にあるマナーハウスやそれに付随する庭を見学した。ナショナルトラストというNPOが管理して一般に公開していることが多いが、ガーデニングの本場だけに庭はいつも整備され、季節の花が美しく咲き誇っている。併設されているカフェでは昼食やアフターヌーン・ティーが楽しめるのだが、これがなんというか、ショッキングなほどイギリスの食事の伝統を受け継いでいる。「どうしてこのような美しい庭や景色を見ながら、このようなものを食べたり飲んだりしなくてはならないのか」と、自問せざるを得ないことも多かった。イギリス人は庭やマナーハウスの管理に優れていることは認めるので、カフェの経営だけはフランス人でも、イタリア人でも、日本人でもいいから、外国人に任せるべきだ、と提言したい。

マナーハウスや庭園の中には、ナショナルトラスト以外の個別の組織や団体、個人が管理しているものもあり、そちらは食事などの質は比較的良い（もちろん例外もある）。このため、どこか郊外へ行こうという段になって目的地がナショナルトラストの管理しているところだと知ると、娘は露骨に嫌がるようになった。

郊外の邸宅などを訪れる際、注意が必要なのは帰り道だ。行きはきちんと標識が出ていて簡単にたどり着ける。ところが、帰りはこれがほとんどない。大抵の人は、来た道をロンドン方面に帰りたいと思っているはずなのだが、標識がたとえあっても近隣のなじみのない地名が並んでいるだけ。特に、駐車場の入り口と出口か全く別の場所だと、来た時の道を記憶していても全く役に立たず、一般道に出たところで呆然とすることになる。また、カーナビに頼って田舎のとんでもない悪路や、市街地の細い行き止まりに誘導され、抜け出せなくなったという出来事などもしばしば報道されている。ある程度、地図で下調べをしてから出かけるべきだろう。

長い休みはイギリス以外に

長い休みはイタリア、スペインをはじめとする欧州大陸の暖かい地域に行くことが多かった。平坦なイギリスの景色は海岸沿いや湖水地方、スコットランドなどを除いてあまり変わり映えがしないし、天候もあてにならない。地方に行けば行くほどイギリス料理漬けということになりやすいがそれもつらい（イギリス国内の旅行の際は電気釜を持っていくという人もいた）。さらに、イギリス国内の移動費用の高さや、交通網の貧弱さを考えると、飛行機で脱出したほうが得、という結論になりがちだ。

ただ、不愉快なのは再入国。イギリスの入国審査はたとえビザを持っていても面倒で、どうでもいいことをあれこれと聞いてくる。会議に出席するため入国しようとしていたと思われる日本人の出張者が、うまく英語がしゃべれないので、しどろもどろになっていたところ、別室に連れて行かれたのをヒースロー空港で見たこともある。イギリスの入国審査官は自分が英語を話すという理由だけで、英語ベタの外国人を見下しているようでどうも好きになれない。

もう一つ気が重かったのは、入国カードの職業欄だ。何となく無職とか主夫と書くのは気が引けるので、当初は「フリーランス・ジャーナリスト」と書いていた。原稿料は日本で源泉徴収されているので問題はないはずだが、妻から「税金の申告なんかで面倒になるかもしれないからやめて」と言われ結局、空欄にすることに。そうなると、今度は入国の際に、「どうして空欄なのか」と聞かれて、答えなければならないことになる。「娘の世話に専念しています」と言えば別に問題はないのだが、なかなか「心晴れやかに」言えなかったのは、本当の専業主夫になりきれなかったからなのかもしれない。

あとがき

　ロンドンでは3年3カ月余りを専業主夫として過ごしたが、娘の世話が一段落したのを機に社会復帰を図ろうと、かねてから興味を持っていた日本語教師の学位を取得した。決まっていた再就職（社員が居つかないことでロンドンの邦人の間では有名な訳あり企業だったことが後に判明）が土壇場でキャンセルされるなど、すったもんだもあったが、フリーのジャーナリストとしての仕事も入り、どうにかパートタイム主夫に転身できた。「さくら会」という日本語のボランティア団体での活動もいろいろな意味で面白かった。

　しかし、そんな生活も2年弱、イギリスの移民規制強化のあおりを受け、企業内異動のビザの滞在期限が最長5年になってしまったため、２０１６年5月に帰国せざるを得なかった。ＥＵ離脱を決めた国民投票の現場にいられなかったのは残念だったが、娘の日本語がだんだんおかしくなってきていたので、「ここらが潮時かな」と考えていたのも事実である。

この間を振り返ってみると、長かったような、短かったような不思議な感じがする。慣れない異国での生活に新たな身分。次々と起こる不思議な出来事とマンネリ化、見通しがはっきりしない未来。家族に支えられどうにか乗り切ったが、当初自分の思い描いたような日々だったかどうかと問われれば、少し違っていたような気がしないでもない。

確かにイギリスは自由で住みやすい面はあった。イギリス人は自分の身に不都合が降りかからない限り、他人が何をしても気にせず、干渉しないし、外国人を自分たちの規範で縛ろうともしない。個人的にはフランス語が通じず言葉の面では苦労したが、外国人、それも日本人の見習い専業主夫が住むには悪くないところだったと思う。日本にいたら周囲があれやこれやとうるさかったに違いない。そんなイギリスも、EU離脱決定で、どうも排外的な雰囲気が広がっているらしい。残念である。

帰国後は引き続きフリーで記事を書く一方で、外資系企業に派遣される日本語教師の仕事を始めたが、拘束時間や収入面での妻との格差などを考慮すると、兼業主夫の生活は当面続きそうだ。これまでの、東京での主夫経験はロンドン出発前の2カ月余りに過ぎない。主夫業という観点からは、ロンドン時代と比較してとまどうことも多く、改めて主夫の目から日本の社会を観察していきたいと思っている。

本書の内容の一部は2014年10月から2015年8月にかけて、読売新聞欧州版に「ロンドンで主夫」のタイトルで連載された。担当していただいた佐藤昌宏、森太両氏には大変お世話になった。そして、最後に本書のネタになることになった妻、桂子と娘、瑞己、そしてロンドン時代におつきあいいただいた数々の方々にも改めてお礼を申し上げたい。もちろん、筆者の拙い原稿を本にしていただいた平凡社の金澤智之氏にも感謝を忘れてはいけない。

為替レートは、円・ポンドの変動が激しいが、おおむね1ポンド＝160円で計算した。ただ、EU離脱決定でこのところポンドはかなり安くなっているので、あくまでご参考にとどめていただきたい。現地で生活してみての感覚は1ポンド＝100円前後なので、円換算で考えると、現在のレートでもイギリスの物価はまだ高いと感じると思う。

なお、本書に関するご意見、ご感想などをお持ちになれば、今後の執筆活動の参考にさせてもらいたいので、gzu03542@gmail.com まで連絡していただければ幸いである。

最後に宣伝になるが、ロンドン滞在中に行ったブリティッシュ・ロックの聖地めぐりとコンサート体験をまとめた『ブリティッシュ・ロックめぐり』（仮題）を7月に青弓社から出版する予定なので、興味のある方はぜひ手に取ってみていただきたい。

２０１７年２月
台東区根岸のマンションにて

加藤雅之

【著者】
加藤雅之（かとう　まさゆき）
1962年東京都生まれ。ジャーナリスト。87年早稲田大学大学院文学研究科フランス文学専攻修士課程修了後、時事通信社入社。主に経済・国際関係を中心に記者、編集者として活動、2002年から06年までジュネーブ特派員を務めた。11年からフリーとなり、16年5月までロンドン在住。著書に『イタリアは素晴らしい、ただし仕事さえしなければ』（平凡社新書）がある。

平凡社新書８４０

あきれた紳士の国イギリス
ロンドンで専業主夫をやってみた

発行日――2017年3月15日　初版第1刷

著者――加藤雅之
発行者――下中美都
発行所――株式会社平凡社
東京都千代田区神田神保町3-29　〒101-0051
電話　東京（03）3230-6580［編集］
東京（03）3230-6573［営業］
振替　00180-0-29639
印刷・製本―図書印刷株式会社
装幀――菊地信義

© KATŌ Masayuki 2017 Printed in Japan
ISBN978-4-582-85840-2
NDC分類番号914.6　新書判（17.2cm）　総ページ240
平凡社ホームページ　http://www.heibonsha.co.jp/

落丁・乱丁本のお取り替えは小社読者サービス係まで
直接お送りください（送料は小社で負担いたします）。